KB017679

실은
나도

철학이
알고 싶었어

ASK A PHILOSOPHER
Text Copyright ⓒ 2020 by Ian Olasov
Published by arrangement with St. Martin's Publishing Group.
All rights reserved.

Korean Translation Copyright ⓒ 2021 By Vision B&P
Korean edition is published by arrangement with St. Martin's Publishing Group
through Imprima Korea agency

이 책의 한국어판 저작권은 Imprima Korea Agency를 통해
St. Martin's Publishing Group과의 독점 계약으로 ㈜비전비엔피에 있습니다.
저작권법에 의해 한국 내에서 보호를 받는 저작물이므로
무단전재와 무단복제를 금합니다.

누구나 궁금한 일상 속 의문을 철학으로 풀다

실은
나도

철학이
알고 싶었어

이언 올라소프 지음 | 이애리 옮김

애플북스

일러두기

1. 이 책에서 괄호 안에 §기호와 함께 표기한 내용은 모두 역주입니다. §기호와 함께 표기하지 않은 괄호 안 내용은 저자의 글입니다.

2. 저자가 따로 표기한 각주(*)는 해당 페이지 하단에 자리를 만들어 표기합니다.

2016년 4월의 어느 토요일 아침, 아직은 공기가 조금 쌀쌀하고 습하지만 꽃들이 제법 피었던 그때 중앙 브루클린 공공 도서관 건너편에 있는 그랜드 아미 광장에서 파머스 마켓이 열렸다. 나는 '철학자에게 물어보세요ASK A PHILOSOPHER'라고 쓰인 현수막 뒤에 테이블을 하나 펼친 뒤, 동료 철학과 교수와 대학원생 몇 명과 함께 앉아 몇 시간 동안 사람들이 말을 걸어오기를 기다렸다. 얼마 지나지 않아 사람들은 신 또는 대통령 선거, 에인 랜드Ayn Rand(유대인 러시아계 미국인 소설가), 반려 물고기 키우기, 도덕 교육, 자유 의지, 운명, 삶의 의미 등에 대해 질문했다. 결국 부스를 한 번 더 설치했고, 그 다음에도, 그 다음 다음에도 몇 번 더 부스에서 질문을 받았다. 그 뒤로 몇 년간 우리는 파머스 마켓, 상점, 지하철역, 공원, 북 페스티벌, 거리 축제 등을 따라 뉴욕시 구석구석을 돌아다녔다. 이 모든 경험이 얼마나 보람 있었는지 말로 표현하기 힘들다. 짧게는 몇 초, 길게는 몇 시간 동안 상상할 수 있는 모든 사회 계층의 이상하거나 친절하거나 괴팍하거나 호기심 넘치거나 외롭거나 불안정하거나 기운이 넘치거나 현명한 사람들 수천 명을 만날 수 있었다. 부스를 설치할 때마다 새로운 질문과 통찰, 새로운 이야기가 쏟아졌다.

'철학자에게 물어보세요' 부스를 시작한 이유는 철학이 일반 시민의 요구에 응할 수 있기를 바라는 마음 때문이었다. 철학자들이 고민하는 문제를 사람들이 이해하도록 격려하는 것도 중요하지만, 그만큼 철학자들이 평범한 사람들이 무엇을 고민하는지 파악해 도움을 주도록 격려하는 것 또한 중요하다.

이 책은 부스에 방문한 사람들이 던진 질문 중 까다로운 질문에 대한 대답(혹은 대답의 일부)을 모은 것이다. 방문객들이 직접 물어본 질문도 있고 대화 도중에 나온 질문도 있는데 우리가 얼마나 다양한 분야에 관심을 두고 있는지 보여준다. 대답 뒤에는 부스에서 일어난 일과 질문을 떠올리는 데 도움이 될 만한 장면(Epilogue)을 짧게 덧붙였다. 책을 넘기다가 '◆' 기호와 함께 종종 등장하는 상자 속 질문은 가상의 화자가 보이는 반응이다. 책은 여러분이 읽고 싶은 부분부터 자유롭게 읽어도 좋다.

즉흥적인 대화, 방문자와의 상호작용, 사람들이 딴생각하다가 별안간 툭툭 던진 파격적인 철학 질문같이 일부 마법 같은 순간들은 책에 담아내기가 쉽지 않았다. 하지만 이 책은 분명 특별한 무언가를 포착해 낸다. 책에 담긴 글을 통해 철학은 누구나 일상에서 유용하게 활용할 수 있고 우리 삶과 뗄 수 없는 관계이며, 우리를 완전히 다른 차원의 세계로 데려간다는 사실을 깨닫기를 바란다.

이 책에서 펼친 주장은 모두 내 생각이다. 물론 잘못된 주장도 있을 수 있다. 그렇게 생각하는 이유는 정말 성실하게 이 책을 썼지만, 철학은 쉽지 않으며 나는 내 한계를 비교적 정확하게 인식하기 때문이다.

여러분은 곧 이 책의 흐름을 파악할 테지만 내 생각은 일관성이 없으며, 사실이 아닌 부분도 있을 수 있다. 나는 생각에 모순이 있다는 걸 깨달으면 해결될 때까지 생각을 수정하곤 한다. 어쨌든 생각은 추론에서 비롯하며, 모순되는 정보로 추론하는 것은 골치 아픈 일이다. 그런데 모든 생각이 옳을 수 없다면 적어도 하나는 틀렸다는 것인데, 과거로 돌아가 내 글을 다시 확인한들 그리 도움이 되지는 않을 것이다. 여전히 여러 주장을 펼치다가 분명 어느 부분에서 말아먹었다고 똑같이 인정하고 싶을 테니까. 우리는 모순을 손에 쥐고 있는 셈이다.

다행히도(어쩌면 너무 운이 좋게도), 이 책은 꽤 훌륭하고 논리적인 해결책이 담긴 모순이다. 이런 생각이 있고, 저런 생각이 있다는 게 바로 그 해결책이다. 아니 오히려 틀림없는 사실도 있고, 사실에 가까운 것도 있다. 내가 일부 모순된 주장을 끝까지 믿으면 내게는 해야 할 일이 생긴다. 하지만 몇 가지 주장은 맞을 확률이 높다고만 믿는다면, 그중 하나는 틀릴 확률이 높다고 생각할 수 있다. 이것을 이해하려면 여러분의 생각이 확률과 같다고 상상하면 된다. 즉, 여러분이 100개의 각기 다른 생각을 95% 믿는다면, 그중 하나는 99% 틀렸다고 믿는 것이다.

이 모두는 몇 가지 중요한 사실을 말해 준다.

우선 많은 철학이 우리의 신념과 모순되는 부분을 파헤치면서 탄생한다는 것이다. 때론 모순에서 빠져나오는 길을 추론하지만, 모순과 신념이 균형을 이루는 길을 찾아야 할 때도 있다.

둘째, 나는 이 책에 쓴 내용을 믿지만 100% 확신하지는 않는다. 불성실하거나 자만해진 듯할 때면 철학적 질문에 대한 답을 공유하는 것만큼 생산적인 철학 연구가 활발히 이뤄지는 데에도 관심이 많다는 사실을 되새겼다.

셋째, 앞서 모순에 관해 말했듯이 이 책에 담긴 질문들은 실제보다 가능한 한 짧게 논의되었다. 질문마다 고려하지 못한 합리적인 반대 주장과 살펴보지 못한 대립 가설, 얼버무리고 넘어간 세부 사항들이 있다. 하지만 여러분이 내 생각에 대한 반대 주장과 대안을 더 잘 떠올릴 텐데, 굳이 내가 그리할 필요가 있을까? 아무튼 이 책을 읽는 동안 여러분이 전혀 지루하지 않고 재미있기를 바란다.

넷째, 무엇보다도 이 책에 다른 사람의 말을 많이 인용했다. 이 책에서 말하는 내용이 대부분 이미 누군가가 했던 말이기 때문이다. 참고할 만한 자료에 관한 인용문과 의견들은 부록에 따로 모아서, 깔끔하게 책을 읽도록 했다.

마지막으로 이 모든 노력은 깔끔하게 읽히는 책을 만들기 위해서지만 믿음이 가지 않을 만큼 쉬워 보인다는 인상을 줄 수도 있다. 단언컨대, 철학은 쉽지 않다. 의문과 막다른 길로 가득 차 있고, 확실한 근거도 없으며, 터무니없거나 현실과 동떨어진다는 평가의 경계에 서 있다. 하지만 철학은 어렵기는 해도 불가능한 것은 아니다.

차례

PART I 모두가 궁금한 질문에 대하여

PART II 일상 속 질문에 대하여

PART III 상상할 수 없었던 질문에 대하여

PART Ⅰ

모두가 궁금한
질문에 대하여

(철학이란
무엇일까?   )

1

2

3

강의 첫날, 나는 철학의 의미를 설명하면서 여러 가지 철학 질문을 예시로 보여준다. 그러면 꼭 이렇게 말하는 학생이 있다. "아, 누구도 제대로 답할 수 없는 질문이요?" 하지만 여기에 대해서는 반론을 제기하고 싶다. 우선, 물질은 무한히 쪼개질 수 있는가와 같이 한때 철학적이라 여기던 질문들이 대부분 과학 질문이 되었다. 이 책에서 다루는 질문들이 결코 과학의 영역으로 넘어가지 않을 것이라 누가 단언할 수 있겠는가? (내 생각에 몇 개는 이미 과학계에 자리를 잡았는데, 어떤 이유인지 과학자들이 이를 밝히고 싶어 하지 않는다.) 그리고 주목해야 할 사실이 있다. 전문 철학자들이나 전 세계가 합의해서 철학적 질문에 대한 정답을 도출하기란 불가능하다는 것이다. 철학적 합의가 부족한 이유가 세상사에 대해 깊이 사고하지 않는 사람들 때문(만)은 아니다. 굉장히 합리적이고 박식한 사람들조차 의견 일치를 보지 못할 때가 있다.

　어떤 질문이 철학 질문인가를 시사하는 동시에 철학에 대한 잘못된 편견을 말해 주는 사례가 또 있는데, '철학자에게 물어보세요' 부스에서 일어난 웃지 못할 일화다. 보통은 지나가던 사람들이 우연히 푯말을 보고 들어와 점성술, 꿈풀이, 유체 이탈 또는 누가 JFK를 쐈는지 따위를 묻는다. 이런 주제에서 내가 철학적이라 생각하는 질문들로 방향을 돌리는 데는 노력이 조금 필요하다. (점성술의 인기가 우리 삶에서 스토리텔링의 역할에 대해 시사하는 바는 무엇일까? 어떻게 해야 꿈을 바르게 해석할 수 있을까? 사람들은 언제 음모론을 합리적이라고 생각할까?) 그런데 사람들은 애초에 왜 이런 질문들을 철학적이라고 생각할까? 철학자들이 대중과 소통하는 방식에 신경 쓰지 않은 탓도 있지만, 나는 철학을 그 어디에서도 진지하게 받아들이지 않는 이야기가 듣고 싶을 때 찾는 학문이라 여기기 때문이라고 생각한다. 철학적인 논쟁은 대개 인위적이거나 기이한 사고 실험에 바탕을 두니 틀린 말은 아니다.

여담으로 내가 좋아하는 사고 실험 몇 가지를 소개한다.

트롤리 딜레마 The Trolley Problem : 당신은 열차가 선로 위에 묶인 다섯 사람을 향해 돌진하는 광경을 본다. 열차의 방향을 한 사람만 있는 쪽으로 바꿀 수 있다면 그렇게 하겠는가? 가장 덩치 큰 사람을 선로로 밀어 열차를 세울 수 있다면 그렇게 하겠는가? 두 질문에 대한 대답이 같은가? 아니라면 이유는 무엇인가?

무지의 장막 The Veil of Ignorance : 지금 살고 있는 사회에 대해 궁금한 모든 것을 일시적으로 알지만, 자신이 어떤 계층에 속하는지는 모른다고 가정하자. 당신은 사회 기본법과 제도를 어떻게 바꿀 것인가? 개인의 이익 추구를 위한 특별한 협상력을 결코 사용할 수 없다 해서 당신이 만든 변화가 사회를 더 정의롭게 만들 수 있을까?

쌍둥이 지구 Twin Earth : 지구와 똑같이 생긴 행성에 사는 사람들이

H₂O가 아닌 다른 원소로 이루어진 것을 물이라 부른다면, 이때 '물'은 서로 같은 것을 뜻할까?

보이지 않는 정원사 The Invisible Gardener : 눈에 보이지 않는 정원사가 가꾼 정원과, 정원사가 가꾸지 않는 정원은 뭐가 다를까?

귀납에 관한 새로운 수수께끼 The New Riddle of Induction : 만약 '2030년 전에 처음 관찰된 동시에 초록색이거나, 2030년 전에는 관찰되지 않았고 파란색'을 뜻하는 '초란색grue'이라는 단어가 있다면, 지금껏 본 싱싱한 잔디가 모두 초란색이라는 사실이 모든 잔디는 초란색이라는 생각의 근거가 될 수 있을까?

괴델과 슈미트 Godel and Schmidt : 쿠르트 괴델Kurt Godel에 대해 알던 모든 것이 실은 이름도 들은 적 없는 슈미트라는 사람에 관한 것이라면, 당신은 괴델에 대해 잘못 아는 걸까, 슈미트에 대해 제대로 아는 걸까?

지식 논증 The Knowledge Argument : 평생 흑백 세상에서 살았지만 물리학과 심리학, 색채 지각에 관한 신경 과학적 지식을 모두 아는 사람이 있다면, 빨간 사과를 보고 가장 먼저 무엇을 깨달을까?

결빙 세계 Freeze World : 세 구획으로 나뉜 세상이 있다. 외부인이 보기에 한 곳은 1년마다, 다른 한 곳은 2년마다, 나머지 한 곳은 3년마다 5분간 모든 것이 완벽하게 멈춘다면, 6년마다 아무것도 바뀌지 않고 5분이 지나가는 걸까?

표류하는 사람 The Floating Man : 당신이 아무런 감각 없이 태어난다 해도 여전히 자신을 인식할 수 있을까?

기게스의 반지 The Ring of Gyges : 당신에게 반지 하나가 있는데, 이것을 끼면 보이지 않는 존재가 된다. 이 반지가 당신을 끔찍한 사람으로 만들까? 도둑질, 부정행위, 스토킹 등 온갖 이기적인 행동을 막아 주는 요소는 무엇인가?

데닛의 "나는 어디에 있는가?"Dennett's "Where Am I?" : 모든 신경이 끝나는 지점에 아주 작은 무선 송신기를 심어 뇌가 멀리서도 몸을 제어한다면 당신은 뇌가 있는 곳에 있는가, 몸이 있는 곳에 있는 가?

게티어 사례 Gettier Cases : 누군가 몰래 당신 휴대폰을 무음으로 바꿔 놓았다. 그런데 주위의 다른 휴대폰에서 당신 벨소리가 들리고 완벽한 우연의 일치로 실제로 누군가가 당신에게 전화를 걸고 있다면, 당신은 전화가 걸려 온 사실을 알 수 있을까?

원초적 번역 Radical Translation : 당신은 어원이 전혀 다른 언어를 쓰는 사람과 함께 있다. 그들이 토끼를 '가바가이'라고 한다면, '가바가이'가 '토끼의 일부분'이나 '토끼의 특정 모습' 혹은 '토끼의 성질'이 아닌 '토끼'를 뜻하는지 어떻게 알 수 있을까?

게다가 철학자들 사이에서 널리 인정받은 몇 가지 결론(의식을 경험할 수 있는 사람은 없다, 시간의 흐름은 허상이다, 우리는 사실 아무것도 모른다 등)은 사실 우리가 일상생활에서 떠올리고 싶지 않은 문제다. 적어도 의미가 있다면, 철학은 이런 논의를 손 놓고 무시해서는 안 되며, 논리적으로 추론해야 한다.

철학은 이렇게 이해하면 쉽다. 어떤 문제를 연구할 때 사용해야 할 연구 방법과 증거 자료가 합의되지 않았으면, 이는 철학적 문제다. 이 책에서 언급되는 모든 철학 질문도 여기에 해당한다. 철학 문제를 이렇게 정의하면, 왜 사람들이 철학 문제에 정답이 없다고 생각하는지, 왜 질문은 시간이 흐르면서 철학이 되는지, 왜 온갖 문제를 사유하는 철학 질문이 존재하는지, 마지막으로 왜 철학에서 열린 마음이 그토록 중요한 덕목인지에 관한 문제도 해결된다.

하지만 위에 있는 대답이 100% 옳은 건 아니다. 철학에 속하는 논리학과 철학사의 연구 방법은 꽤 명확하지만, 물리학의 일부 난제를 비롯한 역사, 심리학의 연구 방법에 대해서는 합의가 이뤄지지 않았다. 내 말은 여기까지다. 철학이란 무엇인지 더 쉽게 설명할 수 있다면 이메일을 보내 주기를 바란다.

Epilogue

'철학자에게 물어보세요' 부스를 설치하면서 철학 질문으로 꽉 찬 그릇, 사고 실험으로 꽉 찬 그릇, 사탕이 가득 담긴 그릇을 각각 내놓았다. 무더운 여름이 끝나갈 무렵에 사탕은 동이 났다. 한 방문객이 빈 사탕 그릇을 보더니 물었다. "이건 철학을 은유적으로 표현한 것인가요?" 왠지 씁쓸한 말이었다.

(만물은
왜
존재하는 걸까?)

나의 생각 메모

1

2

3

막 걸음마를 배울 때부터 나는 성질이 대단했다. 아침으로 달걀프라이가 먹고 싶었는데, 달걀프라이라는 말을 스크램블드에그와 착각해서 스크램블드에그를 달라고 했고, 생각과 다른 요리가 나오자 난리를 쳤다. 부모님이 새로 달걀프라이를 해 주었는데도 계속 짜증을 냈다. 난 달걀프라이만 원한 게 아니었다. 달걀프라이가 스크램블드에그라고 불리길 바랐다. 부모님이 해 줄 수 있는 것보다 더 많은 것을 요구한 셈이다. 아마도 이때만 그런 건 아닐 것이다.

자, 만물은 애초에 왜 존재할까? 얼핏 듣기에 이 질문은 인과론적 설명이 필요하다. 그렇다면 질문을 이렇게 바꿔 보자. 태초의 존재는 어떻게 존재하게 되었을까? 태초의 존재는 스스로 존재했다는 주장이나 태초 이후에 생긴 무언가가 이들을 존재하게 했다는 주장 모두 논리적으로 가능하다. 하지만 이 두 가지 가능성은 접어 두자. 둘 다 인과율(원인과 결과 사이의 관계로, 시간상 원인이 결과보다 앞서야 한다는 원칙을 뜻함)에 위배될 수도 있기 때문이다. 게다가 만물이 스스로 존재하거나, 이후에 벌어지는 사건들로 존재할 수 있다면 왜 항상 이런 일이 일어나지 않는지가 분명치 않다. 그렇다면 우리가 생각할 수 있는 유일한 정답은 앞선 무언가가 태초의 존재를 존재하게 했다는 것이다. 하지만 이는 논리적으로 모순된다. 무언가가 태초보다 앞서 있었다면, 태초의 존재는 태초에 있었던 게 아니기 때문이다. 마치 "빌 클린턴의 셋째 아들 이름이 무엇인가요?"라고 묻는 꼴이니, 이 질문에는 정답이 없다. 질문이 어려워서가 아니라 가정이 잘못되었기 때문이다. (빌 클린턴에게는 아들이 없다[5])

> ◆ 당연히 태초의 세계를 인과론적으로 설명할 수는 없다. 하지만 내 관심사는 그런 게 아니다.

물론 인과론적 설명이 유일한 설명 방법은 아니다. 우리는 직관적인 공리(예: 페아노 산술*)에서 논리적 추론 과정을 거쳐 수학적 사실(예: 2+2=4)을 설명할 수 있다. 그리고 자연의 특별 법칙(예: 케플러의 행성 운동 법칙)은 더 보편적인 자연법칙(예: 뉴턴의 운동 및 중력 법칙)에 어긋나지 않는다는 사실을 입증하는 방식으로 설명할 수 있다. 또 어떤 행동이나 믿음을 그것에 찬성하는 이유를 근거로 들어 설명할 수 있다. 어떤 유기체의 특성을 기능의 관점에서 설명할 수도 있으며, 이해하기 어려운 개념을 익숙한 용어로 바꾸거나 생생한 비유나 예시를 들어 설명할 수도 있다. 하지만 확실히 이 질문은 물질이 존재한다는 사실을

---

* 여기서 말하는 논지를 이해하기 위해 굳이 페아노 산술을 알아야 할 필요는 없으나, 궁금하다면 212쪽을 보면 된다.

수학적 원리나 자연법칙에서 추론하거나 이치에 맞거나 그와 비슷한 방식으로 풀어서 설명하기를 원하지 않는다. 즉 누구도 듣거나 생각해 본 적 없는 색다른 설명을 원하는 것이다. 내가 스크램블드에그라고 불리는 달걀프라이를 원했듯이 이 질문 역시 해 줄 수 있는 대답보다 더 많은 걸 요구하는 것 같다.

그런데 우리가 다른 문제를 설명하는 방식으로 만물이 왜 존재하는지에 대해 흡족하게 설명할 수 없다는 점은 흥미롭다. 따라서 이 질문으로 인해 우리가 방금 말한 결론에 이른다면 충분히 물어볼 만한 가치가 있을 것이다.

마지막으로 사람은 설명을 듣고 마음의 평화나 이해의 감정을 느낀다. 우리는 혼란스럽거나 헷갈릴 때 설명을 요구한다. 이 질문 역시 물질이 존재한다는 사실을 이해했다고 느낄 만한 '무언가'를 요청한 것일지도 모른다. 그런 경우라면 이 질문에는 정답이 없다. 옆 사람은 이해 했다고 느끼더라도, 당신은 그렇지 않을 수 있기 때문이다. 게다가 나는 누가 이 책을 읽는지 모르니, 무엇이 여러분에게 이해의 감정을 느끼게 해 주는지 알 길이 없다. 여러분 스스로 찾아야 한다.

이 문제를 이야기할 때 신의 존재를 자주 언급하는데, 이번 논의에서는 자제하려 했다. 앞서 말한 이유로 신이 우리를 도와 이 문제에 대한 해답을 찾아 주지는 않을 것이다. 그런데 내가 신을 언급하지 않은 진짜 이유는 따로 있다.

(신은
존재할까?)

1 _____

2 _____

3 _____

하느님이나 신(유일신을 믿지 않는다면)은 더 나은 세상을 위해 최선을 다하는 전지전능한 존재다. 이런 존재가 있다면 세상은 완벽할 것이다. 그런데 세상은 완벽하지 않다. 따라서 신은 존재하지 않는다.

> ◆ 　세상이 완벽하지 않다는 말에 나도 동의한다. 그런데 누가 신이 더 나은 세상을 위해 최선을 다하는 전지전능한 존재라 했는가? 신에 대한 잘못된 인식이 이상하게 논란을 불러일으키는 것 같다. 어쨌든 내가 생각하는 신은 그런 존재가 아니다.

지당한 말이다! 신을 논할 때는 다양한 사람이 다양한 생각을 하기 마련인데, 바로 그것이 문제다. 물론 이 문제를 피해 가는 방법도 있다. 사람들은 신을 이야기할 때 (대부분) 서로의 생각과는 상관없이 신을 숭배하는 것은 당연하다고 말한다. 숭배란 전적으로 순종한다는 뜻이나 마찬가지다. 자기 자신과 스스로의 판단력을 존중하면서 신뢰하기보다는 숭배 대상을 훨씬 더 많이 존중하고 신뢰한다.*

그런데 어떤 대상에게 이토록 순종하는 행위가 과연 합리적일까? 우선은 품위가 좀 없어 보인다. 그릇된 대상을 향한 순종이라는 대단히 현실적인 위험도 감수해야 한다. 역사적으로도 사람들이 잘못된 신에게 재물을 갖다 바친 일이 있다. 또 신이 전적으로 믿을 만한 존재라 하더라도, 삶의 주도권을 전부 신에게 내어 주어서는 안 된다. 따라서 숭배는 합리적인 행위가 아니며, 그렇기에 신은 존재하지 않는다.

하지만 여러분은 여전히 교회나 모스크, 사원, 회당에서 종교 의식에 참여할 수 있으니 낙심할 필요는 없다. 신의 존재에 대한 문제로 인해 종교 활동 자체에 의문을 제기하는 것은 아니다. 신이 존재하지 않더라도 제사 음식과 음악을 겻들인 모임, 이야기, 행사, 축제 등은 저마다의 가치가 있다. (스포일러 주의) 산타 할아버지가 존재하지 않는다는 사실을 깨달아도 크리스마스는 여전히 즐거운 법이니까.

Epilogue

10대 소년이 엄마와 함께 부스에 찾아왔다. 누가 봐도 억지로 온 기색이 역력했다. 소년은 신이 존재하는지 물었다. 나는 이 책과 같은 내용을 한두 문장으로 답했다. 소년은 활짝 웃었고, 엄마는 '헉'과 '아' 사이의 탄식을 내뱉었다.

---

* 이 또한 확실하지 않다. 무언가를 숭배하는 행위는 대상에 대한 매우 깊은 존경을 표하는 확실한 방법인데, 여기에 순종을 굳이 끌어들여야 할까? 여하튼 숭배가 평등한 개인 간 관계가 아니라는 점은 고려해 봐야 한다. 내가 배우자를 아무리 사랑한다 한들 그녀를 숭배한다는 말은 은유적이거나 과장된 표현에 불과하다. 나는 순종이 숭배라는 개념의 밑바탕에 깔린 본질이자 불변의 위계질서를 담고 있는 말처럼 느껴진다.

(인생의
의미는
무엇일까?)

나의 생각 메모

1 _____

2 _____

3 _____

나도 모르지만 몰라도 상관없다.

창조론자들의 주장, 즉 외계 축산업자들이 인간을 지구로 보냈다는 주장이 사실이라면, 외계인들은 지구 인구가 늘어나기를 바랄 것이다. 그래야 하루 빨리 지구로 돌아와 우리를 잡아먹을 테니까. 우리가 빨리 번식하고 통통해질수록 그들에게 유리한 셈이다.

이 이야기가 정말로 사실이라면, 여러분은 물론 인류 전체의 삶은 하나의 명확한 목적을 갖는다. 우리는 외계인들의 먹이가 되기 위해 태어난 것이다. 그런데 이러한 깨달음이 특별한 위안이나 도움을 주진 않지만, 외계인들의 먹이가 되기 위해 태어났다고 해서 '반드시' 그래야 하는 것은 아니다. (오히려 외계인이 우리를 잡아먹지 못하도록 막아야 한다.) 요지는 우리 인생에 의미가 있다손 치더라도 그 의미를 발견하는 일이, 보통 정서적으로나 실질적으로 중요한 함의를 지니지 않는다는 것이다.

그렇다면 정서적으로나 실질적으로 중요한 함의를 지니는 것은 무엇일까? 사람들은 현재 생활이 불만족스럽거나 지금껏 추구해 온 인생 계획이나 커리어가 잘못되었다는 의심이 들 때 삶의 의미에 대해 더 많이 생각하는 경향이 있다. 이런 상황에 놓인 사람들에게 삶의 의미가 방향을 제시해 주기 때문이다. 그럼 삶의 의미나 방향은 어디서 찾을 수 있을까? 직업 만족도에 관한 심리 연구에 따르면, 동료들과 충분히 교류하고 상당한 수준의 자율성을 보장받으며 그로 인해 특기를 발휘하는 동시에 세상을 더 나은 곳으로 만드는 조직에서 일한다는 생각이 들 때, 사람들은 직업에 더 만족했다고 한다. 하지만 이것만으로는 부족하다. 여러분이 세상에 조금이나마 도움이 되는 일을 하고 있으며 그 일을 더 많이 하고 싶은 생각이 들면 정말 착한 사람이다. 축하한다! 당신은 효율적 이타주의자다. 무슨 말인지 궁금하면 지금 '효율적 이타주의자'를 한번 검색해 보자.

(인간에게
자유 의지가
있을까?)

나의 생각 메모

1

2

3

재미있는 질문이다. 어떤 철학 문제로 많은 사람들이 잠을 이루지 못한다면 그건 일상 언어로도 표현될 수 있다.* 하지만 자유 의지 문제는 '자유 의지'라는 전문 용어를 중심으로 풀어 갈 것이다. '자유 의지'를 어떻게 정의하느냐에 따라 이 질문에 대한 대답이 크게 달라지기 때문이다. 여기서는 몇 가지 정의와 그에 따른 대답을 소개하려 한다.

정의1 자유 의지는 선택하는 능력이다.

그렇다. 우리에게는 자유 의지가 있으며 매순간 선택을 한다. 수다스러운 엄마가 슈퍼마켓에 간다고 가정하자. 그곳에서 만난 사람과 대화하는 데에 정신이 팔려 있는 동안 땅콩버터 한 병이 카트로 떨어진다. 그녀는 이를 알아채지 못하고 계산을 한다. 그녀는 자신이 구매하는 특정 브랜드의 땅콩버터를 선택하지 않은 것이다. 조금 뒤 까다로운

---

* 그런데 생각하면 할수록 이 말은 틀린 것 같다. 사람들은 '철학자에게 물어보세요' 부스에 와서 주관주의, 객관주의, 이원론, 규범성 등 전문가 수준의 학술적인 질문들을 많이 하기 때문이다. 누군들 그 이유를 알겠는가. 어쩌면 더 심각한 문제의 증상이 드러난 것일지도 모른다. 철학에 대해 말하는 것을 일부 철학자의 생각을 말하는 것으로 오해하는 것 말이다.

엄마가 같은 슈퍼마켓으로 들어간다. 그녀는 판매 중인 땅콩버터를 두루 살핀 후 가격, 성분, 기타 요소들을 비교한다. 그중 하나를 집어 카트에 넣은 후 재빠르게 계산한다. 까다로운 엄마는 특정 브랜드의 땅콩버터를 선택한 것이다.

수다스러운 엄마와 까다로운 엄마의 행동에는 중요한 차이가 있다. 우리는 까다로운 엄마만이 선택을 내린 것이라고 말하며 둘을 구분 짓는다. 자유 의지가 단순히 선택하는 능력이라면, 자유 의지가 있다는 사실을 부정하는 것은 수다스러운 엄마와 까다로운 엄마의 행동에 아무런 차이가 없다는 뜻이다. 그건 말도 안 된다.

◆　　맞는 말이기는 한데, 자발적 행동과 비자발적 행동은 근본적으로 어떤 차이가 있을까?

나도 모르겠지만, 통제할 수 있다는 생각의 문제일까? 행동을 촉발한 사고 과정이나 정보 처리 과정의 문제일까? (그렇다면 어떤 사고 과정이나 정보 처리 과정을 가리키는 것일까?) 의식적으로 행동하느냐의 문제일까? 그 행동을 마음속 깊이 원하는지의 문제일까? (그렇다면 얼마나 깊숙한 마음을 말하는 것일까?) 앞서 언급한 요인이나 다른 요인이 종합적으로 나타나는 것일까? 모든 대답이 그럴싸해서 차라리 의견을 내지 않는 게 현명한 것 같다.

정의2 우리가 자유 의지에 따라 행동한다면 지금과 다르게 행동할 수도 있었을 것이다.

역시나 맞는 말이다. 어쩌면 '혹시나' 하는 가능성에 대한 우리의 일반적인 생각이 근본적으로 잘못되었다는 게 밝혀질 수도 있다. (우리는 왜 '혹시나' 하는 가능성을 항상 염두에 둘까? 왜 실제 일어난 일이 아닌 일어났을지도 모르는 일에 신경을 쏠까?) 하지만 이런 생각을 대수롭지 않게 받아들이면, 다르게 행동할 수도 있었을 상황은 무궁무진하게 많다. 오늘 아침에 나는 회색 셔츠를 입었지만, 까만 셔츠나 빨간 셔츠 혹은 다른 색깔의 셔츠를 입을 수 있었다. 이 관점에서 보면 우리의 행동은 특별하지 않다. 어제 비가 내렸으나 많이 내리지는 않았다. 하지만 폭우가 쏟아질 수도 있었다. 방금 동전을 던졌는데 뒷면이 나왔다. 하지만 앞면이 나올 수도 있었다.

우리가 절대로 지금과 다르게 행동할 수 없었다면 우리 행동은 비의 양상이나 동전 던지기, 다른 자연 현상과는 다른 방식으로 결정되거나, '혹시나' 하는 가능성에 대해 우리가 대체로 잘못 알고 있거나 둘 중 하나다. 그런데 굳이 이렇게 생각해야 하는 이유가 있을까?

정의3 자유 의지는 우리 몸과 주변 환경에 적용되는 물리 법칙에서 벗어난 행동을 하는 힘이다.

아니다. 우리에게는 자유 의지가 없다. 우리 몸은 물리 법칙을 따르기 때문이다. 그런데 누가 자신의 몸이 물리 법칙을 거스르길 바라겠는가? (사람들이 하늘을 날고 싶어 하는 이유는 이해하지만, 이건 그런 종류의 이야기가 아니다.)

그런데 양자역학에는 무작위성이 있지 않은가!

그렇다. 세상에는 자연법칙을 따르지 않는 일이 실제로 일어나기도 한다. 하지만 자연법칙은 그저 확률일 뿐, 상황에 들어맞는 결과가 도출되지 않아도, 우리의 행동은 무생물이 '작용'하는 방식과 비슷하게 물리 법칙의 영향을 받는다.

정의4 자유 의지는 사람의 행동에 적절한 도덕적 책임을 지운다.

그렇다. 우리에게는 자유 의지가 있다. 우리는 때로 사람들의 행동에 적절한 도덕적 책임을 물어야 하기 때문에 종일 사람들을 비난하거나 칭찬하거나 문책한다. 이런 행동이 최선의 결과를 가져오지 않는 경우는 모든 걸 감안하더라도 확률적으로 매우 희박하다. 그런데 우리의 행동이 신체적이나 생물학적 기제에서 비롯된다고 생각할수록 부적절한 행동을 기능적인 문제로 치부할 가능성이 크다. 책임을 지우는 대신 교육과 설득, 치료를 통해 행동을 교정하는 것이다. 악행을 단지 기능적 문제로 여기는 시점에 이르면 우리는 자유 의지를 잃고 말 것이다. 그런데 그게 꼭 나쁜 일일까?

(의식 밖에 있는 세계에 대해서
어떻게
알 수 있을까?)

나의 생각 메모

1

2

3

여러분이 머릿속 세계를 알고 있다고 생각하는 근거는 무엇인가? 어린 시절의 집 풍경을 최대한 생생하게 머릿속으로 그려 보자. 어디까지 상상할 수 있을까? 어떤 색이며, 얼마나 세밀하게 그릴 수 있을까? 여러분이 나와 비슷한 수준이라면 이 질문에 답하기 굉장히 어려울 것이다. 이는 세상에 관한 따분한 사실보다는 내 머릿속 세계를 더 잘 안다는 자신감을 비롯해, 인식의 장막을 걷어 내면 외부 세계를 알 수 있다는 확신을 흔들어 놓을 것이다.

　현재 여러분이 겪는 경험이 무엇인지 확실하게 알 수 있다고 가정하자. 예를 들어 책을 읽는다면, 이 경험을 통해 얻은 지식을 어떻게 외부 세계에 대한 지식으로 이해할 수 있는가. 일반적으로 우리는 페이지에 반사된 빛이 안구 표면에 닿으면 눈이 신경계를 통해 전기 신호를 보냄으로써 독서라는 경험을 한다고 생각한다. 하지만 이 경험을 다른 방식으로도 할 수 있지 않을까? 환각을 보거나 책을 보는 꿈을 꾸는 건 아닐까? 혹시라도 어떤 미친 과학자가 우리 뇌를 직접 자극해 지금의 경험을 만들어 내는 것은 아닐까?

　그런 가능성도 배제할 수는 없는데, 우리가 지금껏 살면서 겪은 일련의 경험을 똑같이 겪는다는 측면에서 논리적으로 모순되지 않기 때문이다. 그렇다고 해도 우리의 감각을 근거로 여전히 세상에 대한 상식 대부분이 옳다고 확신할 수 있다. 간단히 말해 귀추법으로 이 문제를 해결할 수 있다. (기초법이 아니라 귀추법이다. 기초법은 해답이 될 수 없다.) 연역법은 논리학 수업에서 배우는 대표적인 추론법이다. 소크라테스는 남자다. 모든 남자는 언젠가 죽는다. 따라서 소크라테스도 언젠가 죽는다. 이렇듯 연역적 추론의 결론은 전제에 담긴 정보에서 벗어나지 않는다. 반면에 귀납법은 통계나 확률 수업에서 배우는 대표적인 추론법이다. 무작위 표본에서 성인의 평균 키는 약 170㎝이다. 따라서 전국의 모든 성인의 평균 키는 약 170㎝라 할 수 있다. 귀납적 추론의 결론은 전제보다 더 확장된 정보를 담기도 하지만, 전제와 똑같은 어휘로 기술된다. 즉 제시한 증거가 사람들의 키에 관한 것이면, 결론 역시 사람들의 키에 관한 내용이다.

귀추법(가장 그럴듯한 최선의 설명을 도출해 내는 추론)은 다르다. 어렸을 때 큰형이 오랫동안 쓰던 방을 내 방으로 삼은 적이 있다. 짐을 모두 옮긴 후에 옷장 벽 안에서 빨간 크레용으로 "이안 싫어"라고 휘갈겨 쓴 낙서를 보았다. 우리 엄마가 썼을 '수도' 있지만 엄마는 날 싫어하지도 않을 뿐더러 내 이름의 철자를 제대로 알고 있고, 엄마 글씨체도 아니었다. 그리고 아무리 1990년대라 해도 크레용을 쓰기에는 엄마 나이가 좀 많았다. 큰형이 화가 나 휘갈겨 쓴 낙서라는 게 이 상황에 대한 가장 그럴듯한 설명이다. 다른 예도 생각할 수 있다. 인도가 젖어 있는 걸 보고 밤새 비가 내렸다고 추론하거나, 누군가 내 이름을 불러 주의를 돌리려 한다고 추론하거나, 금성의 크기가 변한다는 사실을 바탕으로 금성이 지구보다 더 가까운 거리에서 태양 주위를 공전한다고 추론할 수 있다. 귀추법은 귀납법이나 연역법과 달리, 특정 어휘로 기술된 관찰 결과를 전혀 다른 어휘를 사용한 설명으로 추론할 수 있다.

그런데 우리가 타인의 시선이나 생각, 우리의 지각 경험을 바탕으로 증거를 기술하더라도 증거에 대한 최선의 설명은 우리 인식과 상관없이 별개로 존재하는 고정 사물stable objects에 의존한다. 예를 들어 왜 내 앞에 노트북 컴퓨터 화면이 보이는 것처럼 보일까? 내가 타이핑하는 것 같은 단어들이 어째서 화면에 정확하게 나타날까? 옆 사람에게 내 무릎에 정말 컴퓨터가 있는지 물으면(집에서 따라 하지 말자) 왜 그가 그렇다고 대답하는 것처럼 보일까? 이 모든 상황을 환각, 꿈, 미친 과학자라는 말로 설명할 수도 있지만 이는 자연스러운 설명, 즉 내가 노트북을 앞에 두고 이 단어들을 타이핑하고 있다는 설명만큼이나 설득력이 없다.

> ◆ 그런데 어떤 설명이 다른 설명보다 '더 낫다'고 말하는 근거는 무엇인가?

간결성을 비롯한 평가 목적에 부합하는지, 같은 형식으로 얼마나 많은 것을 설명할 수 있는지, 각 설명이 기존의 고정 관념을 얼마나 바꿔놓을 수 있는지와 관련 있을 것이다. 이 네 가지 측면에서 볼 때 상식적인 설명이 극단적인 회의론보다 낫다.

◆　　　아무것도 믿지 않거나 어떤 것도 믿을 이유가 없다는 강경한
　　　　회의론자들은 이 주장에 설득력이 부족하다고 하지 않을까?
　　　　그들은 "귀추법을 왜 믿어야 하는가?"라고 물을 것이다.

"의식 바깥에 있는 세계에 대해 어떻게 알 수 있을까?"라는 질문은
"강경한 회의론자들에게 내가 이런 것들을 알고 있다고 이해시키려면
어떻게 해야 할까?" 또는 "귀추법이 유효하다는 걸 어떻게 알 수 있는
가?"라는 질문과 다르다는 사실을 기억해 두면 도움이 될 것이다. 귀추
법은 첫 번째 질문에는 만족스러운 대답이 될 수 있다. 나머지 두 개 질
문에는 그렇지 못하더라도 말이다.

Epilogue

다섯 살 정도 되어 보이는 소녀가 엄마와 함께 부스를 지나고 있었다. 엄마는
딸아이에게 묻고 싶은 질문이 있는지 물었다. "저는 진짜로 존재하나요?" 철
학자 한 명이 대답했다. "눈을 감으렴. 여전히 스스로가 느껴지니? 그러면 너
는 진짜로 존재하는 거란다." 엄마는 재빨리 딸아이를 밖으로 데리고 나갔다.
아이는 머리를 긁적이며 열차 쪽으로 걸어갔다.

(지구 온난화가 심각해지는데
아이를 낳아도
괜찮은가?)

나의 생각 메모

1

2

3

어려운 질문이다. 이 질문을 제대로 다루려면 심오하고 까다로우며 실증적이고 비판적인 몇 가지 물음에 먼저 답해야 한다. 지구보다 뜨거운 행성에서의 삶은 어떨지, 한 사람이 평생 기후 변화에 미치는 영향은 평균 얼마나 되는지, 부모는 자식에게 무엇을 빚지는지, 애초에 사람들은 왜 아이를 원하는지, 이미 존재하는 사람과 앞으로 존재할 사람은 도덕적으로 어떤 중요한 차이가 있는지, 입양은 윤리적인지, 개인의 책임이 집단행동 문제에 어떤 영향을 미치는지, 허용할 수 있으나 비이상적인 행동과 절대 허용할 수 없는 행동을 어떻게 구분해야 하는지와 같은 질문들 말이다. 하지만 여기서는 이 질문들에 답하지 않을 것이다.

지구 온난화가 출산을 꺼리는 중요한 이유 중 하나로 대두되는 것은, 뜨거워진 행성에서의 삶이 현재 우리의 삶보다 훨씬 더 나쁠 수 있어서다. 살 만한 가치가 전혀 없을 정도로 나쁘다면 어찌 해야 할까?

그런데 살 만한 가치가 있는지 어떻게 판단할 수 있을까? 가장 쉬운 방법은 사람들에게 지금의 삶이 살 만한 가치가 있다고 생각하는지 묻는 것이다. 아니라고 대답하는 사람들은 (불치병의 고통으로 심신이 쇠약해져서 삶이 앞으로 어떻게 될지 확실히 아는 사람들은 제외하더라도) 대부분 상황 판단 능력이 구조적으로 왜곡되는 정신 질환으로 고통받고 있다는 데에 주목해야 한다. (순환 논리의 오류에 빠진 것처럼 보이지만 그렇지 않다. 사람들에게 삶이 살 만한 가치가 있다고 생각하는지 묻는 것 외에도 정신 질환을 진단하는 방법은 많다.) 하지만 선택적 기억과 죽음에 대한 공포, 현재와 전혀 다른 삶을 상상하지 못하는 한계 때문에 우리는 모두 편견에 사로잡혀 있는지도 모른다. 이 잠재적 편견을 극복하려면, 사람들에게 태어난 것을 후회하거나 잠에서 깨지 않기를 바랄 정도로 삶이 끔찍한지 언제든 물어야 한다. 또는 심리학자들이 말하는 경험 표집(심리 측정법의 하나로 참가자의 행위를 특정 시점에 중지시키고 실시간으로 그들의 경험을 기록하게 하는 연구 방법)처럼, 하루 중 특정 시간에 몇몇 사람들에게 문자 메시지를 보내어 기분을 1점부터 7점까지 점수를 매겨 달라고 요청할 수도 있다. 몇 가지 다른 측정 기준(열정, 만족, 휴식 등)을 포함시켜도 좋다. 확실하지는 않지만, 되는 일이 없다고 말하거나 메시지에 대한 평균 응답 점수가 4점 미만인 사람의 비율은 5% 아래로 상당히 적을 것이다.

물론 이는 모두 지구 온난화로 인한 최악의 문제가 닥치기 전 일이다. 다시 말해, 지구 온난화가 아무리 끔찍한 결과를 가져오더라도 이후 보통 사람의 삶이 오늘 최악의 5%에 포함되는 것보다 더 나쁠 거라고 말할 수 있을까? 아마도 현재의 삶이 그리 나쁘지 않다면 미래의 삶도 살 만한 가치가 있을 것이다.

이 질문에 대한 또 다른 대답인데, 이미 세상에 태어나 살아가고 있는 아이를 입양하는 방법도 있지 않을까?

Epilogue

부스에 찾아온 한 여성이 침팬지의 도덕관념을 다룬 최근 연구 결과를 보고
도 그리 놀랍지 않다고 말했다. 그녀는 농장에서 자랐기에, 농장 동물에게도
도덕관념이 있다는 사실을 알고 있었다. 내가 "도덕관념이 있는 동물 중 누가
가장 멍청하던가요?"라고 묻자 그녀가 대답했다. "인간이요."

(뇌는 어떻게
의식적 경험을
만드는 걸까?)

나의 생각 메모

1

2

3

그건 아무도 모른다. 우리 뇌가 어떻게 의식적 경험을 만들어 내는지 다양한 이론으로 설명하지만, 지구상에 얼마나 많은 생명체가 의식적 경험을 하는가에 대해서는 굉장히 상이한 결론을 내리고 있기 때문이다. 이론 중 하나를 전제하지 않고서는 어떤 이론이 옳은지 가려 낼 수 없다. 따라서 아직은 이 질문에 답하지 못한다.

　하지만 논의를 발전시킬 수는 있다. 그러려면 우리의 경험 자체를 더 자세히 설명해야 한다. 설명의 정밀함을 시험할 수도 있다. 예를 들어 검사-재검사 신뢰도(동일한 검사를 다른 두 시기에 실시해 측정하는 평가의 일관성 정도)를 측정하거나, 심리학자들이 무無주의 맹시(눈이 특정 위치를 향하고 있지만 주의가 다른 곳에 있어 눈이 향하는 위치의 대상을 못 보는 현상)라 부르는 덫에 어떤 환경에서 어떤 사람들이 덜 혹은 더 쉽게 빠지는지 살펴보는 것이다. 또는 사람들이 경험을 묘사할 때(말하자면 미묘한 시각적 환상을 만들어 가는 과정에서) 외부 세계에 대한 지식을 구분하는 능력을 평가할 수도 있다.

　이 문제에 대한 논의를 진전시키는 또 다른 방법은 '의식'의 의미를 가능한 한 명확하게 정의하는 것이다. 도덕적으로나 정치적으로 중요한 문제에 대한 지식을 이야기할 때 사람들은 '의식'이라는 단어를 쓰기도 하는데, 여기서는 분명히 그런 뜻은 아니다. 우리는 생물 의식, 상태 의식, 질적 의식 등 적어도 세 가지 의식을 구별할 수 있다. 의식이 완전히 깨어 있는 상태를 생물 의식이라 부른다. 정신 상태(두려움, 희망, 믿음, 가려움 등) 의식은 간단히 말해 우리에게 의식이 있다는 것을 추론의 결과가 아닌 직감적으로 아는 상태를 말한다. 한편 질적 의식은 자의식 혹은 내면에서 일어나는 일이나 일련의 경험을 뜻한다. 이 세 가지 유형의 의식은 서로 분리될 수 있다. 예컨대 대략 300여 개의 신경세포를 가진 '예쁜 꼬마 선충C.elegans'은 일종의 수면 주기가 있다. 이 벌레에게 생물 의식이 있을 수는 있지만, 의식적인 정신 활동이나 내면의 삶이 있다고 말하기는 힘들다. 다른 예로 짜증이라는 감정이 경험 속에 스며들 수 있는데, 누군가가 주위의 시끄러운 에어컨을 꺼서 돌연 긴장이 풀리기 전에는 이런 감정 경험을 의식하지 못한다. 즉 우리는 내면의 모든 일을 의식할 수 없다.

뇌가 어떻게 생물 의식과 상태 의식을 유발하는가는 어려운 문제지만, 불가능한 일이 아니라는 것은 알고 있다. 우리는 적어도 이를 측정하는 행동 및 생리 검사를 받았으니 말이다. 뇌가 어떻게 질적 의식을 유발하는가는 더 어려운 문제다. 내면의 삶을 측정하는 검사가 없는 것도 그 이유 중 하나다. 하지만 과학의 역사가 우리에게 주는 교훈은, 철학 문제라는 이유를 들어 과학적으로 설명할 수 없다고 단언하다가는 진취적인 젊은 과학자들이 당신이 틀렸다고 밝히는 순간 웃음거리가 되고 만다는 사실이다.

(내가 왜
신경을
써야 하지?   )

나의 생각 메모

1

2

3

무언가를 신경 쓸 수밖에 없다는 명백한 전제에서 증거를 찾으려 하면 아마 찾지 못할 것이다. 오히려 잘된 일이다! 신경 쓸지 말지는 우리가 선택할 수 없으니 말이다. 어떤 대상에 대해 분노, 슬픔, 행복, 자랑스러움을 느끼면 그것을 신경 쓰는 것이다. 이런 감정을 느끼지 않는 것은 우리 능력 밖의 일이므로, 신경 쓰지 않는 것 역시 우리 능력 밖의 일이다. 문제는 성찰하면서 꾸준하게 관심을 쏟을 수 있느냐다. 과거에 여러분은 큰 경기에서 자신이 응원하는 팀이 승리할지에 무척 신경 썼을 것이다. 하지만 스포츠를 알아 갈수록 팀이나 스포츠 자체에 자신을 덜 이입하게 된다. 여러분이 정치에 관심을 두지 않았을지라도 현재 벌어지는 사건과 역사에 대해 배울수록 더 많은 관심을 쏟게 된다. 모든 일에 무관심한 사람의 관심을 끌어내려면 논리만으로는 불가능하다. 하지만 다행히 완벽히 무관심한 사람은 없으므로 그런 상황을 걱정할 필요는 없다. 그래도 좀 더 꾸준하게 성찰하는 방향으로 관심을 기울일 수는 있으며, 우리가 요구할 수 있는 것은 거기까지다.

완벽한 사실이나 다름없는 전제에서 무엇이 관심을 기울일 만한 가
치가 있는지 증명할 수 없다는 말에 화가 날 '수도' 있다. 하지만 논리
적으로 사실 그 자체가 우릴 화나게 할 수는 없다.

나의 죽음이나 사랑하는 사람들의 죽음, 태양의 초신성화, 은하 간
점점 커지는 균열, (듣기론) 피할 수 없는 우주의 열 죽음(운동이나 생명
을 유지할 수 있는 에너지가 없는 상태*) 등 통제할 수 없는 세상 일들로 인
해 극심한 공포감에 사로잡힐 때가 있다. 이러한 감정은 떨쳐 내기 어
려우며 완전히 떨쳐 낼 수도 없다. 하지만 이러한 감정을 느끼지 못하
면 눈앞에 무엇이 있는지 보지 못하는 것과 마찬가지로, 공포에 사로
잡히는 것은 당면한 사실에 대한 당연한 반응이다. 이때는 내가 잘못
알고 있다고 스스로 되뇌는 게 도움이 되며, 마음의 안정을 주기도 한
다. 감정은 합리적이거나 비합리적인 것일 수는 있어도, 사실이거나 거
짓일 수는 없다. 거짓을 피하려 애쓰는 사람이라면 이 말에 해방감을
느낄 것이다.

(최고의
정부 형태는
무엇일까?　　　　)

나의 생각 매모

1

2

3

철학 질문이 대개 그러하듯 이 질문 역시 다소 모호하다. 흔히 형태라고도 불리는 정부의 특성은 굉장히 다양하며, 대개 서로 양립할 수 있거나 서로 아무 연관성이 없거나 둘 중 하나다. 하지만 이게 만족스러운 대답일지는 모르겠다.

나는 사회주의자다. 현재 사유 재산에 속하는 많은 부분을 집단적이고 민주적으로 소유하고 관리할 수 있게 노력해야 한다는 뜻으로 사회주의를 받아들이는데, 이 주장에는 많은 질문이 들어 있다. 우선 어떻게 '노력'하라는 말일까? (노동 운동? 선거 정치? 급진적인 정치 개혁?) '집단적'은 어떤 집단을 말하는가? (노동자? 지자체? 주 정부? 연방 정부? 세계 정부?) '민주적'은 어떤 민주주의를 말하는가? (대의 민주주의? 국민 참여를 늘리는 제도?) 누구의 사유 재산을 말하는가? (개별 기업? 산업 전반? 모든 경제 주체?) 하지만 이 모든 의문을 여기서 하나하나 풀어 갈 수는 없다.

사회주의가 말하는 가장 설득력 있는 주장은 다음과 같다.

불평등에 관한 주장

자본주의는 재화와 서비스가 시장에서 개별 주체 간 상호작용을 통해 공급되어야 한다고 주장하며, 이는 거대한 불평등 문제를 초래한다. 불평등은 공정하지 않으니 그 자체로 나쁘다고 생각할 것이다. 그런데 나는 낭비와 지배의 관점에서 불평등이 나쁘다고 생각한다. 불평등은 낭비를 가져온다. 가난한 사람들에게 돌아가면 더 좋았을 자원이 필요 없는 사람들에게 돌아가기 때문이다. 불평등은 지배를 낳는다. 타인보다 월등히 부자인 사람들이 사회 기본 제도를 마음대로 주물러 자신에게 유리한 상황을 유지하기 때문이다.

이렇게 생각할 수도 있다. 시장을 통해 재화나 서비스를 분배하는 사회는 가난한 사람들이 자원에 접근하지 못해도 상관없다고 말이다.* 물론 특정 재화는 가난해도 이용할 수 있도록 이미 정해 놓았다. 여기에는 도로, 우편 서비스, 고등학교까지의 기본 교육, 사회 보장 제도, 도서관 등이 해당된다. 그런데 왜 이걸로 그쳐야 하나? 가난한 사람은 기본적인 의식주를 비롯해 의료 서비스, 인터넷, 고등 교육을 받지 못해도 괜찮은가? 나는 그렇게 생각하지 않는다.

---

* 물론 미국은 혼합 경제 체제를 취하고 있다. 특정 재화나 서비스를 살 여유가 없는 사람은 수입에 따라 차등 지급하는 정부 보조금이나 공공 주택 같은 공공 서비스로 필요한 자원을 얻는다. 하지만 수입에 따른 선별 복지는 사회적 낙인 효과로 말미암아 항상 불안정할 뿐 아니라, 자금 부족 문제를 겪기도 한다. 식료품 할인 구매권과 사회 보장 제도를 한 번 비교해 보라.

지구 온난화에 관한 주장

자본주의는 멈추지 않는 성장에 의존하며, 이론상 멈추지 않는 성장에 의존하면 천연자원과 에너지를 계속 사용할 수밖에 없다. 이는 지속 가능한 성장이 아니다.

반면 사회주의라고 해서 다 친환경적인 체제라고 볼 수도 없다. 베네수엘라와 노르웨이가 그 예다. 하지만 기후 변화가 가져올 실존적 위험을 피하려면 멈추지 않는 성장을 바탕으로 하지 않는 정치 경제 체제가 필요하다.

시장의 한계에 관한 주장

애덤 스미스Adam Smith 이후 고전 경제학자들은 '보이지 않는 손'이라는 개념을 활용해 사익을 추구하는 개인들이 시장에서 상호작용을 통해 서로 이익을 주고받는 방식을 설명해 왔다. 아이폰을 한 번 생각해 보자. 애플이야말로 돈 버는 데 가장 관심이 많은 기업이다. 그들은 핸드폰에서 쓸 수 있는 재미있고 유용한 기능들을 꾸준히 새로 개발해 제품을 만들고 고객이 크게 놀라지 않을 정도 가격으로 판매한다. 아이폰을 구매한 소비자도 기본적으로 자기 이익에 따라 행동하지만, 그가 애플에 지불한 돈은 미래의 개발 자금이 된다. 즉 모두에게 이득인 셈이다! (아이폰 부품 생산 공장의 노동 조건이나 아이폰에 필요한 희귀 광물을 채굴하는 데 드는 환경 비용 등을 심각하게 따지지 않는 한에서 말이다.) 자유 시장 옹호자들의 주장은 대개 '보이지 않는 손'의 힘에 의존한다.

하지만 '보이지 않는 손'이 작동하지 않는 유형의 시장이나 조건의 범위를 고려하면(독점과 카르텔, 소비자와 판매자 사이의 정보 불균형, 공유지의 비극, 기타 부정적인 외부 효과, 공공재, 계획적 진부화, 지대 추구, 족벌주의, 시장이 선호하는 제품만 생산하는 풍토 등) 자본주의는 고쳐야 하는 체제가 아니라 상당 부분 교체해야 하는 체제라는 주장이 더 타당하다.

자동화에 관한 주장

믿기지 않는 일이 일어났다! 지금 우리에게는 이전부터 아무도 하고 싶지 않았던 수많은 단순 노동을 대신할 로봇과 기계가 있다. 하지만 사람들은 이를 두려워한다. 여러 번 들은 말일 테지만, 자동화가 얼마나 미친 짓인지 우리는 진지하게 생각해 봐야 한다. 자동화로 얻을 수 있는 모든 혜택을 민영화한 탓이다.

고용 구조에 관한 주장

중견 기업보다 규모가 큰 회사에서 근무한 적 있다면, 없어져야 할 일자리가 많다는 걸 알 테다. 관리자들은 새로운 관리자를 고용해 문제를 해결하며, 한 번 생긴 일자리를 없애는 것은 어렵기 때문이다. 하지만 인류학자 데이비드 그레이버David Graeber의 주장처럼, 수많은 사람이 텔레마케터, 채무 거래자, 수금원, 불필요한 비서와 조수 등 일자리가 없어질 것이라고 예상한다.

반대로 가장 중요한 직업은 무엇일지 진지하게 생각해 보자. 청정육 연구, 전염병 연구, 실존적 위험 연구, 탄소 포집(화석 연료 사용 시 발생하는 이산화탄소를 모으는 기술§) 및 재생 에너지 연구, 저비용 해외 공중 보건 환경 개선 등을 떠올릴 수 있다. 이러한 일자리는 대개 민간 자선 단체의 기금이나 정부 보조금으로 만들어진다. 말라리아 같은 빈곤 병과 고혈압 같은 부자 병을 연구·치료·예방하는 기금의 규모 차이를 한 번 생각해 보라. 빈곤 병 연구는 단기간 내 수익이 나지 않거니와 최상위 계층의 이익에 반하기 때문이다. 더 나은 정치 경제 체제에서는 부유한 사람의 이익과 입장이 덜 중요하므로 이런 일들에 자금이 더 많이 몰릴 것이다. (사회복지사, 입주 간병인, 관리인, 농부, 창고 노동자, 보육 교사 등 중요하지만 매우 적은 급여를 받는 직업에 대해서도 조금은 다르지만 비슷한 주장을 펼칠 수 있다.)

도덕관의 변화에 관한 주장

초기 자유 시장 옹호자들은 대체로 자유 시장 그 자체를 믿었다. 자유 시장이 더 평등한 사회를 만들어 주리라 생각했기 때문이다. 이 생각은 두 가지 면에서 그럴듯했다. 첫째, 자유 시장 체제가 그 당시 불평등을 초래하는 많은 주요 원인에 문제를 제기했으며(봉건적인 재산법과 길드의 독점 등) 둘째, 초기 자유 시장 옹호자들은 대체로 노동자 개인을 자영업자 혹은 잠재적 자영업자로 여겼기 때문이다. 모두 산업 혁명이 발발하기 전 일이다.

하지만 자본주의는 그 목표를 달성하는 데 보기 좋게 실패했다. 그런데 우리는 새로운 형태의 더 나은 정치 경제 체제로 나아가기보다는 자본주의의 근본적인 도덕관을 바꾸려 했다. 그것은 개인이 마땅히 받아야 할 것, 능력주의, 정부 간섭으로부터의 자유 등이며, 이로 인해 우리에게 숨 쉴 틈은 생길 것이다.

다른 사회적 이슈와의 교차점

정확하게 범위를 규정하기는 힘들지만 자본주의는 공장형 농장, 전쟁, 장애인 차별, 인종 차별, 경찰의 잔혹성, 성폭력, 공직 사회에서 다양하게 나타나는 여성 차별 등 경제와는 본질적으로 전혀 관련 없는 사회 문제까지 악화시킨다. 사회주의가 이 모든 문제의 완벽한 해결책은 아니지만, 핵심 해결책 중 하나인 것은 분명하다.

Epilogue

한 소년이 동생 둘과 함께 15분간 부스에 머물며 최고의 정부 형태에 대해 질문했다. 아이들은 각종 질문과 사고 실험이 담긴 그릇을 이리저리 들추더니 우리와 이런저런 문제에 대해 짧게 이야기를 나눴다. 그러다가 철학자 한 명이 아이들에게 직접 묻고 싶은 건 없는지 물었다. 소년은 얼굴을 찡그리더니 갑자기 부끄러했다. 그리고 뜸을 들이다가 말했다. "이게 철학과 관련된 질문인지 잘 모르겠지만, 가장 좋은 정부는 어떤 형태인가요?" 참고로 이것은 정치 철학의 밑바탕이 되는 질문이며, 당연히 철학적인 질문이다.

('색'이라는
것은
주관적일까?
)

1

2

3

'주관적'이라는 단어는 미끄러운 생선과 같다. 이 단어에는 최소 두 가지 뜻이 있는데 첫 번째는 지식과 추론, 두 번째는 사물의 성질과 관련 있다. 굉장히 이성적이고 똑똑한 사람들조차 사물의 색에 대한 의견이 일치하지 않는다면, 색은 첫 번째 의미로 주관적이다. 만약 모든 물체에 색이 없다면, 즉 오직 개인의 관점에 따라서만 사물의 색이 존재한다면 색은 두 번째 의미로 주관적이다. 다시 말해, 색이 하루의 시간이나 무언가의 왼쪽에 있다는 말과 같으면 색은 두 번째 의미로 주관적인 것이다. 오전 11시 11분은 결코 절대적인 시간이 아니다. 같은 표준 시간대에 속해야만 오전 11시 11분이 맞다. 어떤 것도 절대적으로 무언가의 왼쪽에 있을 수 없다. 특정 관점에서 봐야만 왼쪽에 있는 것이다. 이런 의미에서 색이 주관적이라면 우리가 빨강, 분홍, 주황 또는 그 밖에 색깔을 말하는 것은 사실 자신에 대해 이야기하는 셈이다.

　　여담: 철학자들이 인식론(지식을 뜻하는 그리스어에서 유래)이라 말하는 첫 번째 의미의 주관주의와, 형이상학이라 부르기도 하는 (세상에 대한 우리의 생각이나 이야기가 아닌 본질에 관해 논하므로)

두 번째 의미의 주관주의는 혼동하기 매우 쉽다. 무언가에 대한 의견이 일치하지 않는다는 관찰에서 시작해 그것이 실은 자신에 대해 이야기하고 있는 것이라는 추론에 이르는 과정은 합리적인 사람조차 큰 혼란에 빠지는 지름길이다.

내 나이가 탄로 나는 위험을 무릅쓰고서라도 드레스 논쟁에 관해 이야기하려 한다. 논쟁의 열기가 완전히 사그라진 후에(편히 잠드소서) 이 책을 읽는 독자를 위해 설명하면, 드레스 논쟁이란 신기하게도 빛에 따라 파란색과 검은색 또는 흰색과 금색으로 보이는 드레스 사진을 두고 벌인 논쟁이다. 드레스를 보는 두 가지 시각을 자유자재로 바꿀 수 있는 사람도 있지만, 대다수는 그렇지 않다. 결국 그 드레스가 파란색과 검은색이라는 사실이 전 세계에 알려졌다. 즉, 조명 조건을 다양하게 바꿔서 실제로 본 사람들마저 드레스가 파란색과 검은색이라는 데 동의했는데, 사실이 밝혀진 다음에도 몇몇은 여전히 드레스가 흰색과 금색이라고 주장했다. 드레스가 파란색과 검은색이라는 사실을 알면서도 흰색과 금색이라고 주장하는 것은 자신의 눈에만 흰색과 금색으로 보인다고 증명하는 셈이다. 그런데 드레스가 파란색과 검은색이라는 사람들의 말을 딱히 부정할 수도 없다. 두 사람이 테이블을 사이에 두고 마주 앉아서 한 명은 샐러드가 파스타의 왼쪽에 있다고, 다른 한 명은 샐러드가 파스타의 오른쪽에 있다고 말하는 모양새와 같기 때문이다. 그들은 서로의 말을 부정하지 않는다. 각자의 관점에서 이야기했기 때문이다. 이처럼 색에 관한 이야기는 때로 형이상학적으로 주관적인 이야기가 된다.

하지만 항상 그런 것은 아니다. 드레스가 실은 파란색과 검은색이라는 사실이 알려지기 전에 흰색과 금색이라고 말했던 많은 이들은 사진에서 보이는 색깔에 관해 이야기하지는 않았다. 다양한 조명 아래에서는 누구든 드레스를 흰색과 금색으로 볼 것이라고 결론 내렸다. 하지만 이 생각은 틀렸고, 사람들은 드레스가 파란색과 검은색이라는 사실이 밝혀지자 생각을 바꿨다. 색에 관한 이야기가 우리 자신에 관한 이야기가 아닐 때도 있다. 이때 형이상학적으로 주관적인 것은 아무것도 없다.

◆ 하지만 드레스가 실제로 파란색과 검은색이라 해도 색깔을 결정하는 것은 사람의 경험이다. 사물에는 고유한 색이 있다. 하지만 사물에 색이 있는 것은 적어도 부분적으로 우리가 특정 방식으로 사물을 경험하기 때문이다. 색을 보는 사람이 아무도 없으면 그 무엇도 파란색이거나 검은색이거나 흰색이거나 금색일 수 없다. 색은 우리 머릿속에서만 혹은 인식으로 말미암아 존재한다. 색이 주관적이라는 내 말은 이런 뜻이다.

그럴 수도 있다. 하지만 왜 그리 생각하나? 색을 모양과 비교하면 도움이 된다. 어떤 사물의 겉모양은 우리의 관점과 조명에 따라 달라질 수 있다. 모양에 대한 인식은 색에 대한 인식과 마찬가지로 별의별 왜곡이 다 일어난다. (개인적으로 가장 좋아하는 예는 볼록한 얼굴 착시 현상인데, 하나의 얼굴이 가면의 앞면에서는 편안한 표정으로, 가면의 뒷면에서는 감동한 표정으로 보인다.) 그런데 (적어도 현재로서는) 우리가 색이 머릿속에서만 존재한다고 속단해도 모양에 관해서는 같은 생각을 하는 사람이 얼마나 있을지 잘 모르겠다.

색과 모양에는 적어도 이 논의와 관련 있을지도 모르는 차이점이 하나 있다. 현대 물리학은 모든 사물을 모양의 관점에서 묘사하고 설명한다. 그런데 우리가 이상하게 빨간색이라고 말하는 사물들을 생각해 보라. 이를 테면, 적포도주(사실은 자줏빛의 포도 주스 색이다.), 빨간 수박(속살만 빨갛다.), 빨간 사과(껍질만 빨갛다.), 눈앞에 나타나는 빨간 점들(심지어 물리적으로 실재하는 대상도 아니다.), 빨간 안료(다른 맥락에서는 주황색 혹은 갈색이라 불린다.)는 물리적으로 공통점이 하나도 없다. 물리학자들이 물체가 반사하는 빛의 주파수로 물체의 성질을 설명할지는 몰라도, 빨갛다거나 푸르다거나 하는 말로 설명하진 않을 것이다. 사물의 색을 이야기하지 않아도 아무 문제가 없기 때문이다. 또한 물리학자들은 의자 이야기를 하지 않아도 아무 문제없다. 그렇다 해서 의자가 우리 머릿속에만 존재하는 것은 아니지 않나?

(시간
여행이
가능할까?　）

나의 생각 메모

1

2

3

단순히 가능한 것을 넘어서 실제 일어나는 일이다. 시계 두 개를 아주 정확하게 똑같은 시각으로 맞춘다. 하나는 땅에 두고 하나는 잠시 비행기에 태운다. 비행기가 착륙한 다음 두 시계를 비교하면 비행기에 있던 시계가 땅에 둔 시계보다 아주 조금 느릴 것이다. 이론상 비행기의 속도가 빛의 속도에 가까워지면, 비행기에 있는 시계는 땅에 둔 시계보다 훨씬 느려진다. 예를 들어 어떤 사람이 비행기에서 1년을 보내면, 땅에서는 이보다 더 많은 세월이 흐른다. 물리학자들은 이 현상을 시간 팽창(관측자의 기준틀에 따라 시간 간격이 다르게 측정되는 현상)이라 부른다.

굉장히 멋진 일이긴 하나 조금 실망스러울 수도 있다. 어쨌든 앞서 언급한 것은 앞으로 가는 시간 여행이다. 이 유형의 시간 여행과, 살아 있다는 이유만으로 모든 사람이 하고 있는 시간 여행의 유일한 차이는 비행기에 탄 사람의 시간이 평소보다 눈에 띌 정도로 느리게 간다는 점이다. 하지만 우리의 시간 여행 판타지는 (다는 아니지만!) 대부분 과거로 가는 시간 여행을 일컫는다. 이것이 가능할까?

단순히 물리적 이론이나 기술적 한계 때문이 아니라 원칙적으로 불가능하다고 말하는 유명한 주장이 있다. 소위 '할아버지의 역설'이라 불리는데, 내가 시간을 거슬러 여행할 수 있다면 할아버지를 죽일 수도 있다는 것이다. 하지만 나는 할아버지를 죽이지 못한다. 할아버지를 죽이면 나는 태어날 수 없기 때문이다. 따라서 나는 시간을 거슬러 여행할 수 없다.

내가 알기로 이 주장은 몇 가지 가설을 만들어 냈다. 모순되는 행동을 절대 하지 않는다면 시간을 거슬러 여행할 수 있을지도 모른다. 어쩌면 시간은 여러 갈래로 갈라지는 구조일 수 있다. 그래서 과거로 거슬러 올라가 할아버지를 죽여도 실제 살인을 저지르는 내가 아니라 해당 시간의 갈래에 있는 또 다른 내가 태어나지 못하는 것이다. 한편 시간은 고리와 같은 구조일 수도 있다. 따라서 과거로 거슬러 올라가 할아버지를 죽이면 시간의 고리에서 내가 태어나는 사건을 막지만, 나는 이미 태어나 버렸다. 뭐 이런 이야기다.

'철학자에게 물어보세요' 부스에서도 비슷한 질문이 나왔다. 이야기를 꺼낸 남자는 과거로의 시간 여행을 염두에 두었다. 우리는 할아버지의 역설에 대해 잠깐 이야기했으나 결론에 이르지 못했다. 나는 남자에게 애초에 과거로 시간 여행을 하고 싶은 이유를 물었다. 그는 실수를 바로잡고, 처음에 감사히 여기지 않았던 경험을 다시 하고 싶다는 등 익히 들어 본 이유 몇 가지를 이야기했다. 그런데 미래로의 시간 여행은 어떨까? 실질적으로 어떤 도움이 될까? 남자는 다음과 같은 대답으로 생각할 거리를 남겼다. 미래로 시간 여행을 한 사람은 다른 사람보다 시답잖은 사건들에 신경을 덜 쓸 것이다. 개인적으로 경험한 시간이 많을수록 시야가 넓어지고 순간순간에 덜 매몰된다. (그런데 시간 여행을 하지 않더라도 나이가 들면 누구나 그리되지 않을까? 아니면 우리와 시간과의 관계에 있어서 나이가 미치는 영향력을 간과한 것일까?) 남자는 이들이 특히 정치적 의사 결정에 도움이 될 것이라 말했다.

장로 정치(노년층이 사회 전반을 장악해 기득권을 유지하는 정체 체제[*])에 관한 놀랄 만큼 그럴듯한 주장이었다. 과거로의 시간 여행 가능성을 묻는 남자의 질문에 대답하지 않았고 할 수도 없었지만, 곁가지로 흐른 이야기도 충분히 논할 가치가 있었다. 이처럼 철학 질문은 서로 다른 주제를 연결한다.

(인간의 본성은
선할까
악할까?)

나의 생각 메모

1

2

3

양쪽 모두 조금씩 맞다. 인간은 어떤 선행이든지 베풀려는 성향을 지니고 태어난다. 맹자는 금방이라도 떨어질 듯이 불안하게 우물가를 기어가는 아기를 상상해 보라며, 사람들 대부분이 주저 없이 달려가 아기를 보호할 것이라 주장한다. 달려가 아기를 구하지 않겠다는 사람은 그러면 안 된다는 사실을 배워야 할 것이다. (사이코패스로 태어난 게 아니라면 말이다.) 우는 사람을 위로하거나 아이를 돌보거나 공동체 생활을 유지하기 위해 최대한 협력하는 것을 비롯해 사람들의 보편적인 (그렇기에 선천적이라고 할 수 있는) 선함을 보여주는 사례들은 얼마든지 많다.

　*그런데 인간은 어떤 악행이든 저지를 수 있는 성향도 지니고 태어난다. 사람들은 임의의 집단을 형성해 (극히 미미한 교리 차이를 두고 기

---

*　이렇게 항변할지도 모른다. "그런데 외국에 있는 사람보다 가까이에 있는 사람에게 더 신경 쓰는 게 지극히 정상 아닌가요?" 철학자 피터 싱어Peter Singer는 지나가다 얕은 연못에 빠진 아이를 보는 장면을 상상해 보라고 말한다. 여러분은 틀림없이 물을 헤치고 들어가 연못에 빠진 아이를 구하겠지만, 그 과정에서 옷이 더럽혀질 것이다. 그것이 걱정돼 아이를 돕지 않는다면 사람들은 여러분을 괴물이라 생각할 것이다. 왜 그럴까? 중요한 다른 것(예: 옷)을 희생하지 않고도 선행을 베풀 수 있다면 (예: 아이의 생명 구하기) 그렇게 하는 게 가장 자연스러운 설명이 될 것이다. 그런데 이 원칙을 따르는 데 있어서 다른 나라 사람들이라고 해서 다를까?

독교 내 다양한 종파 간 벌이는 다툼을 생각해 보라) 그 바깥에 있는 사람들에게 냉담하고 잔인하게 군다. 우리는 매력적인 사람들, 외모가 비슷한 사람들, 가까운 시공간에 있는 사람들에게 더 신경 쓴다. (내 생각에 30년 후 태어날 아이들이 투표권을 가지면 환경 정책은 지금과 조금 다른 방향으로 나아갈 것이다.) 대규모 참사를 통계로 설명하면 우리는 반응을 보이지 않는다. 게다가 (대개 불공정한) 기존 사회 구조와 관습에 편향되어 있다. 플라톤Platon은 반지를 낀 사람을 투명 인간으로 만들어 주는 신화 속 기게스의 반지가 생긴다면 무엇을 할 것인지 묻는다. 솔직한 사람이라면 그 대답에 교활한 행동 몇 개가 포함될 것이다. 다시 말해 여러분이 솔직하다면, 뒷감당이 두려워서 하지 못했던 교활한 행동들이 몇 개는 있을 것이다.

그런데 나는 플라톤의 질문이 인간의 천성에 관해 묻고 있다고 생각한다. 다른 조건이 동등하다면 하게 될 행동들 말이다. 같은 질문을 인간이 태어나 선을 유지할지 악을 유지할지(선과 악 중 무엇을 택할지)에 관한 문제로 볼 수도 있다. 또는 인간 본성(그 의미가 무엇이든)이나 사람의 본심에 관한 질문으로 해석될 수 있다. 나는 이 질문들이 다른 문제보다 더 중요하다고는 생각하지 않는다. (우리는 대체 왜 사람의 본성이 선한지 악한지에 신경 쓰는 걸까?)

우리가 타고난 성향이 때로는 현대적 삶에 잘 맞지 않는 이유에 대해서도 생각해 봐야 한다. 인간이 조금씩 무리지어 사는 극소수의 수렵 채집인에서 진화한 탓일 수도 있다. 그들은 지금 우리와 상당히 다른 삶을 살았다. 매력 있고 생김새가 비슷한 사람을 선호하는 행동이 선사 시대 조상들의 결속을 다지는 데에 도움이 됐을지는 몰라도, 지금은 한심하게 보일 수도 있다. 인간 본성이 선할까 악할까 하는 문제는 조상들이 살았던 환경과 현재의 환경이 얼마나 일치하느냐와 어느 정도 맞닿아 있다. 앞으로 현대적 삶과 과거의 삶의 괴리가 커질수록 우리의 본성은 악해질지도 모른다. 긍정적으로 보면, 우리가 석기 시대로 돌아갔을 때 기대할 만한 부분이 있기는 하다.

Epilogue

동료 철학자 하나가 부스 방문객에게 기게스의 반지에 대해 질문하자 그가 이렇게 반문했다. "시각 장애인은 항상 투명 인간들에 둘러싸여 있지 않나요? 그들은 끔찍한 대우를 받지 않으려 애쓰잖아요." 나는 이 예리하고 통찰력 있는 대답에 충격 받았다. 기게스의 반지 같은 상상 속 가정으로 우리 행동이 눈에 보이지 않을 때의 결과를 추론할 수 있지만, 꼭 그래야 할 필요는 없다. 그저 현실에서 우리 행동이 보이거나 보이지 않는 경우를 다방면으로 살피면 되니까.

(생각이 먼저일까
언어가 먼저일까?)

나의 생각 메모

1

2

3

생각이 먼저다. 아직 언어를 습득하지 못한 아기도 생각은 할 수 있으니까. 아기도 무언가를 믿는다는 것을 놀랐을 때 반응을 살펴보면 알 수 있다. 한 고전적인 연구*에서 아기들은 도개교(들어 올릴 수 있는 다리§)의 넓은 면을 마주하고 다리가 180도 움직이며 위로 올라갔다가 내려오는 모습을 익숙해질 때까지 반복해서 본다. 다리가 아기 쪽을 향해 수평으로 내려올 때, 실험자들은 도개교가 움직이는 길목에 블록 하나를 세워 둔다. 한 집단의 아기들은 '일어날 수 있는 사건'을 본다. 즉 블록에 맞닿는 지점까지 도개교가 움직인다. 다리는 블록에 닿으면 (아기는 이를 보지 못한다) 멈춘 후 다시 아기 쪽으로 움직인다. 어쨌든 다리는 블록을 통과할 수 없다.

다른 집단의 아기들은 '일어날 수 없는 사건'을 본다. 도개교가 블록과 맞닿는 지점까지 움직인다. 실험자들이 (아기가 보지 못하게) 블록을 치우자 도개교가 180도로 완전히 젖혀진다. 블록이 사라졌다! 도개교

*   르네 바이아르종Renee Baillargeon, 엘리자베스 스펠크Elizabeth Spelke, 스탠리 와서만Stanley Wasserman, 〈생후 5개월 유아의 대상 영속성Object Permanence in Five-Month-Old Infants〉, *Cognition* 20권, 제3호 (1985).

가 다시 아기 쪽으로 움직일 때 실험자들이 블록을 되돌려 두자 더 이상한 일이 벌어진다. 블록이 마술처럼 다시 나타난 것이다!

여기서 핵심은 아기들이 일어날 수 없는 사건을 일어날 수 있는 사건보다 평균적으로 몇 초 더 길게 지켜본다는 것이다. 이에 대한 가장 자연스러운 설명은 블록이 다리에 가려져도 아기들은 블록이 계속 그 자리에 있을 것으로 생각하는데, 예상을 빗나갔기 때문이란 것이다. 생후 2개월 반(!) 정도 된 유아를 대상으로 일어날 수 없는 사건들과 놀람을 측정할 다른 척도(심장 박동이나 빨기, 미소 등)를 활용해 변형 실험을 진행했을 때도 이 설명은 유효했다. 어쨌든 기대나 예상도 생각의 한 형태다. 따라서 인간의 언어를 알아듣거나 말할 수 없는 아기들도 생각은 할 수 있다.

인간 외에 다른 동물에게서도 똑같은 결론을 내릴 수 있다. (동물도 복잡하고 화려한 신호 체계를 갖고 있지만, 표현력이나 문법의 복잡성의 측면에서 인간 언어에 가까운 언어를 갖고 있지는 않다.) 우리 강아지*도 온갖 생각을 다 한다. 일례로 강아지가 여자 친구와 함께 산책하고 집에 돌아와서 내가 없으면 나를 찾는 듯 온 집안을 뛰어다닌다. 이 행동에 대한 가장 자연스러운 설명은 우리 강아지가 집에 돌아오면 내가 집에 있을 것으로 생각한다는 것이다. 다른 생각도 한다는 것을 비슷한 방법으로 알 수 있다. 주로 주인이 "간식"이라고 말하면 무슨 일이 일어날지, 먹이가 어디에 있는지, 주인이 공원 쪽으로 걸어가면 어떤 일이 생길지

---

* 인스타그램: @donteatscrapple.

를 생각한다. 우리 강아지가 말을 잘 듣는 줄 알았는데, 그러고 보니 특별히 말을 잘 듣는 것도 아니다.

> ◆ 그런데 이런 것도 생각이라 말할 수 있을까? 그냥 행동 패턴일 수도 있지 않을까?

요약하면, 아기와 개도 생각할 수 있다는 사실을 인정하면 우리는 아기와 개의 많은 행동을 정확하고 명료하게 설명하고 예측할 수 있다. 따라서 아기와 개의 생각에 대한 믿음은 우리가 많은 현상을 예측하고 설명하도록 하는 어떤 좋은 것에 대한 믿음과 다를 바 없다.

언어 없이도 아기와 개는 어느 정도 생각할 수 있다. 하지만 그 둘의 생각은 직관적으로 인지할 수 있는 수준의 단순한 생각일 가능성이 크다. 어른의 생각은 이와 다르다. 먼 과거로 뻗어 나가며 실제 보고 만지는 것을 뛰어넘는다. 예를 들어 나는 플라톤이 《국가The Republic》를 썼으며, 전자는 음전하를 띠고, 27의 세제곱근은 3이라고 믿는다. 언어 없이 이런 생각을 하는 것은 (불가능한 건 아니지만) 상상하기 힘들다. 언어 덕분에 우리는 생각과 아원자 입자(원자보다 작은 입자[*]), 수학적 함수나 지각할 수 없는 것들에 대해 말할 수 있다. 언어 없이 그렇게 하기란 매우 어렵다.

이 질문은 굉장히 심오한 주제를 담고 있다. 철학에서 우리는 가끔 사고의 한계라는 벽에 부딪힌다. 정말로 그 벽에 부딪히는 경우는 언제며, 단지 사고 회로가 일시적으로 멈추었을 뿐인 경우는 언제인가? 잘은 모르지만, 언어가 어떻게 새로운 사유를 가능하게 (혹은 불가능하게) 하는지와 관련 있을 것이다.

(무엇이 우리에게 좋은 것인지
어떻게
알 수 있을까?)

나의 생각 메모

1

2

3

우리는 모두 스스로에 대해 가장 잘 아는 전문가다. 나는 내 사회 보장 번호와 통장 잔액을 외우며 지금 배가 고픈지, 아침으로 뭘 먹었는지, 오늘 하루 계획은 무엇인지 등을 알고 있는 몇 안 되는 사람 중 하나다. 구글을 비롯해 내 개인 정보를 팔아넘기는 인간들 등 일부 예외인 경우를 제외하면, 나는 언제나 내 위치 정보에 관한 한 세계 최고 권위자다. 이런 정보는 절대 쓸모없는 게 아니다. 무엇보다도 내 점심 메뉴를 결정하는 핵심 정보이기 때문이다. 따라서 우리는 자신에게 무엇이 좋은지 가장 잘 아는 전문가이며, 또 우리와 비슷한 사람들에게 무엇이 좋은지 가장 잘 아는 전문가이기도 하다. 어떤 주제의 대화에서 특정 인구 집단을 배제한다면 그들의 관심사와 통찰력을 놓치게 된다. 예를 들어 여성에게 증상이 다르게 나타나는 질병은 특히 오진 확률이 높은데, 역사적으로 남성이 남성을 대상으로 의학 연구를 주도해 온 탓이다. 특정 인구 집단(혹은 그들이 속하는 상위 집단)에 무엇이 이로운지 알고 싶으면 최소한 그 집단의 일원에게 물어봐야 한다.

그런데 지난 몇십 년간 심리학자와 행동 경제학자들은 무엇이 좋고 나쁜지 파악하는 우리 능력이 엉뚱한 곳에서 예민하게 작동한다는 사실을 수없이 증명했다. 우리는 제값 주고는 안 살 물건도 할인 중이라는 말을 들으면 산다. 심지어 가격이 똑같아도 말이다. 위험과 보상이라는 틀에 갇히면 우리는 같은 문제일지라도 다르게 선택한다. 이미 돈을 냈다는 이유로 하기 싫은 일까지 하는 것이다. 현금으로는 절대 내지 않아도 신용카드로는 잘도 계산한다. 게다가 자신뿐 아니라 같은 사회적 지위를 공유하는 사람들에게 이로운 것이 무엇인지를 완전히 오해하기도 한다. 카를 마르크스Karl Marxs는 이를 '허위의식'이라 불렀다. 중세 소작농들은 온유한 자가 땅을 물려받는다고 믿었을 것이다. 실제로 그랬기 때문이다. 하지만 진짜 이유는 그 믿음을 깨지 않아야 영주들이 더 편해지기 때문일 가능성이 크다. 충격적일 정도로 많은 흑인이 아프리카 식민주의와 대서양 횡단 노예 무역을 옹호한 역사도 있다. 토머스 프랭크Thomas Frank가《왜 가난한 사람들은 부자를 위해 투표하는가What's the Matter with Kansas?》에서 주장하듯이, 유권자들은 (대개 감정적으로 더 많은 영향을 끼치는) 문화 전쟁 이슈를 자신의 경제적 이익보다 앞세우는 실수를 되풀이한다. 일반적으로 사람들은 사회적 합의가 자신이 속한 집단에 유리한지에 대해 굉장히 잘못된 판단을 내린다. 대중의 무지가 권력자의 이익에 부합할 때 특히 그렇다.

그럼 우리는 어떻게 해야 할까? "우리는 자신에게 무엇이 좋은지 잘 알기도 하지만 그렇지 않을 때도 있다."라고 말하는 건 그리 도움이 되지 않는다. 좋은 것과 좋아 보이는 것의 차이를 더 유익하고 이해하기 쉬운 방향으로 설명해 주길 바란다면 행동 경제학 입문서를 살펴보면 된다. 그렇다면 우리와 사회적 지위를 공유하는 사람들에게 좋은 것은 무엇인지 제대로 파악하는 문제는 어떻게 해야 할까? 어떤 사회적 집단의 사람들이 외부인은 모르는 그들만의 생활 환경에 유의미한 통찰을 갖는 때는 언제며, 허위의식에 갇히는 때는 언제인가? 이 질문에 대한 일반적인 답을 내놓을 수는 없지만, 할 수 있을 때 그런 통찰력을 기르려 노력해야 한다는 사실만은 분명하다. 특정 사회 집단(혹은 그들이 속하는 상위 집단)에 무엇이 좋고 나쁜지를 논의하는 자리에 해당 집단 구성원들을 포함하지 않는다면 그들의 의견을 놓치고 만다.

Epilogue

한 지적 장애인이 간병인과 함께 부스에 들렀다. 그녀는 철학 질문이 담긴 그릇을 뒤적이다가 "당신의 삶에서 가장 행복했던 날은 언제였나요?"라는 질문을 뽑았다. 우리는 크게 축하받은 일, 행복과 특별함의 관계, 행복한 순간을 사람들과 함께 보내는 이유에 관해 이야기를 나눴다. 기분 좋은 대화였으며 새로운 경험이기도 했다. 때로 사람들은 철학을 평범한 사람은 할 수 없는, 고등 교육을 받은 사색가들만이 하는 행위라고 생각한다. 이는 잘못된 생각인데다 위험하기까지 하다. 자신의 경험을 되돌아볼 수 있다면, 철학은 누구나 할 수 있다.

(사후
세계는
존재할까?   )

나의 생각 메모

1

2

3

존재하지 않는다. 우리 몸의 변화에 따라 경험과 내면세계를 비롯한 머릿속에서 일어나는 모든 일이 달라진다는 걸 깨어 있는 매 순간이 새롭게 증명한다. 신경 과학이 빠르게 발전하면서 우리는 훨씬 상세한 근거 자료들을 확보해 근본적으로 같은 결론을 입증하고 있다. 바로 일상생활을 유지하는 데 필요한 신경계 기능을 제외하면 머릿속에서 일어나는 사고 과정은 모두 한순간에 멈출 수 있다는 것이다. 철학자들이 즐겨 말하듯이, 정신 활동이 육체 활동의 결과라는 사실은 널리 알려져 있다. 즉 우리 몸에 변화가 일어나지 않으면 마음에도 변화가 일어나지 않는다.* 따라서 육체가 파괴되면 그 결과로써 나타날 마

---

* 짧게 덧붙이면 이는 100% 옳지 않다. 내가 중기 단계의 치매를 앓고 있지만 요리나 빨래를 할 정도로 집에서는 정상적으로 생활할 수 있다고 가정하자. 이 사실을 알고 있는 가족들은 나를 집 밖에 나가지 못하게 하려고 애쓴다. 다른 곳으로 이동하면 나는 이 모든 걸 즉시 잊어버릴 것이다. 그럼 다음과 같은 상황이 벌어진다. 협조적인 분위기에서는 많은 것을 기억하지만 그렇지 않은 분위기에서는 제대로 기억하지 못한다. 환경이 바뀌는 동안 내 몸에 아무런 변화가 없었는데도 말이다. 다시 말해 나의 정신 상태는 육체뿐 아니라 물리적인 환경의 영향도 받는다. 이 관점에서 보면 마음은 철학자들이 가끔 이야기하듯 환경으로 '확장'될 수 있다. 개인적으로 굉장히 흥미로운 이야기라고 생각하지만, 내가 말하는 사후의 삶에 크게 영향을 주지는 않는다.

음도 없다.* 다시 말해 마음이라 부를 대상이 사라지고 만다.

물론 사람들은 말한다. "당신은 남은 사람들의 기억 속에 계속 존재할 것이다." "당신의 에너지는 영원히 이 땅에 남을 것이다." 이런 말이 위안을 주기도 하지만, 불멸의 삶을 대체할 만큼 설득력 있지는 않다.

슬픈 일이다. 그런데 흥미롭고 희망적인 일이 곧 벌어진다. 사람들은 죽음을 되돌아보고 나서 깜짝 놀랄 정도로 삶의 우선순위를 바꾸곤 한다. 래퍼 나스Nas는 말한다. "삶은 거지 같고 우리는 모두 죽어. 그래서 취하는 거야. 언제 죽을지 모르니까." 철학자이자 심리학자인 카를 야스퍼스Karl Jaspers는 영원성을 경험하는 데 집중해야 한다고 말한다. 중세 기독교인들은 우리에게 (뭐라 말했겠는가?) 종교에 더 충실하라고 말한다. 셰익스피어는 소네트Sonnet 73번에서 연인에게 더 충실하라고 말한다. 기혼자들을 대상으로 하는 데이트 사이트인 애슐리 매디슨Ashley Madison에서는 이렇게 말한다. "인생은 짧아요. 바람피우세요."

죽을 수밖에 없는 운명을 두고 각양각색의 실용적 결론을 내렸는데, 한 가지 공통점이 있다. 차선책을 노리는 것이다. 다시 말해, 영원

---

* 하나만 더 설명하겠다. 내가 허벅지에 통증을 느끼고는 '이런! 허벅지에 관절염이 생겼군.'이라고 생각한다고 가정하자. 의사는 관절염은 관절 질환이지 허벅지에 생기는 병이 아니라고 일러 준다. 그런데 내 삶이 완벽하게 똑같이 펼쳐지는 또 다른 세계가 있다고 생각해 보자. 그쪽 의학계에서는 '관절염'을 관절의 염증뿐 아니라 힘줄의 염증까지 아우르는 개념으로 사용한다. 다시 돌아와 나는 '허벅지에 관절염이 생겼군.'이라고 생각한다. 하지만 이번에는 내 말도 맞다! 즉 내 삶 전체와 내 몸의 내부 상태 그 어떤 것도 변하지 않았지만 내가 인식하는 관절염의 의미는 변했다. 바꿔 말해, 내 생각은 육체뿐 아니라 전문가 집단이 그 생각을 정의하는 방식에도 영향을 받는다. 철학자들은 이를 '의미론적 복종'이라 부르기도 한다. 여전히 아주 흥미로운 이야기지만, 누구도 더는 사후 세계에 대해 낙관적인 전망을 품게 해서는 안 된다.

한(또는 적어도 실제보다 훨씬 더 오래 사는) 삶에 버금가는 것을 목표로 삼는다. 이들 중 누가 옳고 그른지는 알 수 없지만, 죽음에 대해 생각할수록 가장 소중한 가치가 무엇인지는 분명하다. 철학자 스티븐 루퍼 Steven Luper는 말한다. "죽음에 대한 불안은 삶에 대한 사랑의 또 다른 얼굴이다."

(과학과
종교는
양립할 수 있을까?)

나의 생각 메모

1

2

3

여기에는 사실 두 가지 질문이 겹쳐 있다. 두 질문을 구분하기 어렵겠지만 말이다. 첫 번째는 과학적 신념과 종교적 신념이 논리적으로 모순되는지 아닌지 또는 두 신념이 서로의 개연성을 높이는지 낮추는지 묻고 있다. 두 번째는 종교 관행이 개인 차원에서 혹은 더 나아가 사회적 차원에서 과학 연구를 장려하는지 방해하는지 묻는다.

두 질문에 대한 답은 이미 모두 나와 있다. 이론상 어떤 과학적 신념이 논리적으로 모순되지 않고 어떤 종교적 신념도 논리적으로 모순되지 않으며 두 개가 서로 다른 언어로 표현되어 있다면, 두 신념을 결합해도 논리적으로 모순되지 않는다.* 예를 들어 나의 종교적 신념은 도덕적이고 초자연적인 언어로, 나의 과학적 신념은 전혀 그런 언어로 쓰이지 않았고 둘 다 내용상 모순이 없다면, 나의 종교적 신념과 과학적 신념은 서로 모순되지 않는다. 생물학자 스티븐 제이 굴드Stephen Jay Gould가 말한 과학과 종교의 '겹치지 않는 교도권(종교와 과학은 겹치지 않으므로 충돌을 일으킬 이유가 없다는 의미[8])' 역시 바로 이 점을 염두에

---

* 이에 대한 증거가 궁금하면 '크레이그의 보간 정리'를 찾아보자.

둔 것이다. 나는 일부 사람들의 종교적 신념 또한 이와 같으며, 적어도 이 원칙을 따르려 한다고 믿는다. 하지만 종교적 신념이 나중에 과학에 의해 뒤집히거나 과학계와 갈등을 겪기도 했던 역사적 사례도 있다. A.D.화이트A.D.White 의《기독교 국가들의 신학과 과학 전쟁의 역사A History of the Warfare of Science with Theology in Christendom》를 훑어보면 여러 시대에 걸쳐 사람들은 지구 반대편에 사람이 살지 않는다거나, 지구(특히 예루살렘)가 우주의 중심이라거나, 모든 생물은 독립된 종이라거나, 물은 지구 표면의 1/7밖에 차지하지 않는다거나, 세계의 역사는 6천 년이 채 되지 않았다거나, 화석의 분포는 노아의 홍수의 결과라는 식의 주장을 입증하는 데 종교를 근거로 제시했다.

과학적 신념과 종교적 신념이 논리적으로 모순되지는 않지만, 서로의 개연성을 높이는지 낮추는지를 이야기하는 것은 조금 더 까다롭다. 천문학자 요하네스 케플러Johannes Kepler 는 태양계 내 다른 행성들도 지구처럼 기본적으로 주위를 공전하는 위성이 있다는 사실을 처음 알게 되었을 때 종교적인 이유에 근거해 틀림없이 사람이 살고 있을 것이라 추론했다. 오늘날의 종교인들은 지금껏 모든 행성을 관찰했지만 지구에서만큼 다양한 생명체를 보기는 어렵다는 사실을 받아들였다. 그러나 케플러의 추론은 일부 종교적 신념과 생명체가 거의 없다는 우주에 대한 신념이 서로 어긋난다는 걸 암시한다. 그런데 종교적 신념과 과학적 신념이 서로의 주장을 뒷받침해 주기도 한다. 뉴턴 이전 시대의 과학자들은 대부분 물리적 과정을 기계적인 용어로만 논리적이고 과학적으로 설명할 수 있다고 믿었다. 즉 궁극적으로 모든 움직임은 서로 밀고 당기는 (눈에 잘 보이지 않는) 기어, 도르래, 나사로 설명되었다. 이는 '기계론적 철학'이라 불리며 얼마간 큰 인기를 끌었는데, 신이 세상이라는 기계를 디자인하고 태엽을 감아 작동시켰다는 신학적 관점과 아주 잘 맞아떨어졌기 때문이다. 한편 현대 심리학자들은 명상과 주의력에 관한 불교의 일부 가르침을 뒷받침하는 증거를 발견했다. 요약하면 과학과 종교는(우리가 말하는 과학과 종교가 무엇인지에 따라 다르겠지만) 논리적으로 완벽하게 양립할 수 없으면서, 서로 완벽하게 들어맞는 그 사이 어딘가에 존재한다.

과학과 종교가 논리상으로뿐 아니라 실질적으로도 양립할 수 있는지 알려면 종교적 이유에서 과학 연구를 시작했거나 종교에서 정보를 얻었던 개인 과학자들의 사례를 살펴보면 된다. 근대 초기 파라켈수스Paracelsus(마술과 과학의 경계선을 넘나들며 의학과 화학이라는 학문의 기초를 닦은 인물§)처럼 의사이자 '자연 마술사'인 사람들의 연구에서는 경험적 요소와 초자연적인 요소를 구분하기 어렵다. 신을 믿는 과학자들은 자신의 연구를 주로 자연 신학 또는 자연의 질서를 통해 신의 마음을 읽으려는 활동이라 여겼다. 하지만 개종 이후 눈부신 과학적·수학적 성과를 포기해 버린 블레즈 파스칼Blaise Pascal부터 반과학적인 종교 선동에 노출되지 않았더라면 과학자가 될 뻔했던 사람들까지 종교적 신념이 과학 연구에 방해가 된 사례도 찾아볼 수 있다. 사회적 차원에서도 비슷한 예가 있다. 사회학자 로버트 머튼Robert Merton에 따르면, 영국에서 근대 실험 과학이 발전하게 된 계기는 개신교 문화가 유행했기 때문이며, 지동설이 비가톨릭 국가에서 인기를 끈 것도 갈릴레오Galileo를 부당하게 대우한 가톨릭교회의 체면을 깎아내리기 위함이었다고 한다. 그뿐 아니라 종교 기관이나 사회에 널리 퍼진 종교적 가치관으로 인해 과학 연구가 억압받는 사례도 적지 않았다. 오늘날 미국의 줄기세포 연구가 그 대표적 사례이다.

물론 과거의 과학이 종교와 양립할 수 있는지가 아니라, 최신 과학이 여러분이 믿게 될지도 모르는 어떤 종교와 양립할 수 있는지가 궁금할 것이다. 하지만 나는 여러분이 원하는 답을 내놓을 만한 입장이 못 된다. 과학에 대해 잘 모르는 데다, 나는 여러분이 될 수 없으니 말이다. 그런데 여러분이 종교를 가질 계획이 있다 해도, 지금은 그 이유를 묻기에 적절한 때가 아닌 듯하다.

(객관적인
사실은
과연 존재할까?　)

나의 생각 메모

1

2

3

사람들은 객관적인 사실이 존재하는지 물을 때 머릿속으로 몇 가지 생각을 떠올린다. 모든 사람이 합의할 수 있는 의견이란 게 있는지, 우리의 믿음은 사회적 지위나 인생에 따라 달라질 수밖에 없는지 등 따지고 보면 사실이 아니라 신념에 관한 질문이다. 물론 정말로 사실에 대해 물을 때도 있다. 반박할 수 없는 사실이 있는지, 사실은 언제나 사람, 문화, 개념 도식 등에 영향을 받는지, 아니면 생각의 지배를 받지 않는 사실이 있는지 즉, 어떤 믿음이나 사실은 어떻게 항상 참이 되는지, 다른 사람들은 이 주제를 어떻게 생각하며 어떻게 다루는지 등을 질문한다. 이 질문들을 하나씩 살펴보도록 하자.

모든 사람이 합의할 수 있는 의견이 있는지 없는지 알 수 없지만, 그게 왜 중요한지 모르겠다. 1+1이 3이라 믿는다 한들, 내 생각과 행동이 달라질까? (비슷하지만 조금 더 심각한 문제도 있는데, 철학자들은 이를 '계보적 불안'이라 부른다. 만약 혼자만 자유주의나 태양이 태양계의 중심이라고 믿는 상황이라면, 그 믿음에 대한 확신은 상당히 흔들릴 것이다. 우리가 사는 시대가 그렇게 믿는 것이지, 독자적으로 증거를 보고 직접 판단해 내린 결론이 아니기 때문이다. 그런데 문제는 여러분이 특정 사람들과 의견이 다르다는 게 아니라, 생각의 사실 여부와는 전혀 상관없는 이유로 생각을 믿는다는 데 있다.)

우리의 생각은 삶의 특정 상황에 영향을 받을 수밖에 없느냐는 질문 역시 애매하다. 다음은 생각이 환경의 영향을 받은 몇 가지 예를 나타낸다.

- 어떤 믿음이 진실인지 거짓인지에 따라 그 사람의 이해관계가 달라진다.
- 어떤 믿음은 감정에서 비롯했다.
- 합리적인 사람들이 받아들이지 않았다는 이유로 생각이 바뀌었다.
- 정확히 말하면 믿음이기보다는 감정이나 태도에 가깝다.

잘 생각해 보면 위의 사례에서도 (완벽히는 아니더라도) 환경의 영향력에서 벗어난 객관적인 생각의 예를 떠올릴 수 있다. 그런데 더 좋은 질문은 우리가 이토록 객관성을 중시하는 이유는 무엇이며, 객관성은 어떻게 평가할 수 있는가이다. 예컨대 우리는 때로 직접적인 이해관계가 없는 사람에게서 공정한 판단을 듣고 싶어 한다. 그런데 어느 정도 이해관계가 있는 사람들이 해당 문제를 가장 잘 알고 있기도 하다. (시장 예측이 이에 해당할 것이다.) 왜 어떤 경우에는 전자가 맞고, 어떤 경우에는 후자가 맞을까?

완벽한 사실이 있는지 혹은 사실은 항상 상대적인지에 관한 문제는, 상대적일 수밖에 없는 개념과 그것이 상대적이라고 생각하는 이유를 살펴보면 도움이 된다. 왼쪽과 오른쪽이나 하루의 시간은 (각각 개별 관점이나 표준시에 따라) 상대적일 수밖에 없다. 상대성이 불일치라는 현상을 설명한다는 점에서 이 개념들이 상대적임을 알 수 있다. (브루클린에 있는) 내가 오후 1시라 하면, (캘리포니아에 사는) 우리 형은 오후 1시가 아니라 오전 10시라 말할 것이다. 시간을 볼 줄 모르면, 우리가 말하는 시간이 일치하지 않는다고 생각할 수 있다. 하지만 겉으로 드러난 것과 다르게 우리가 말한 시간은 완벽히 일치한다. 이는 상대성으로 설명할 수 있다. 조금 더 까다로운 종류의 상대성은 아인슈타인의 특수 상대성 이론에서 찾을 수 있다. 이 이론은 동시성simultaneity이 상대적이라고 결론짓는다. 즉 두 개의 사건은 기준틀에 따라 동시에 일어날 수도, 각기 다른 시간에 일어날 수도 있다. 우리는 동시성이 상대적이라는 사실을 특수 상대성 이론의 결과로 알 수 있으며, 사실임을 증명하는 증거도 무수히 많다.* 다시 말해, 이 이론은 다양한 관찰과 실험이 밝혀낼 결과에 대한 온갖 놀랍고도 기발한 예측을 가능하게 했고, 그 예측은 (일부 한계가 있긴 하지만) 전부 사실로 드러났다.

---

* 재미있는 과학 철학 문제를 간단히 다뤄 보려는데, 과학이 그리는 세상과 일반 상식 차원의 세상이 양립 가능한지 생각해 볼 좋은 기회일 것이다. 아인슈타인 이전에는 동시성이 상대적이 아니라 절대적이라고 생각하는 사람이 많았다. 그런데 아인슈타인은 동시성에 대해 정확히 무엇을 발견했을까? 그는 동시성이 기준틀에 따라 상대적이라는 사실을 발견했다. 하지만 우리는 아인슈타인이 동시성이라는 개념은 없으며 오직 상대론적 동시성만 존재한다는 사실을 발견했다고도 말할 수 있다. 그리고 그가 상대론적 동시성이라는 현상을 발견했지만, 여선히 두 개의 사건이 완벽히 동시에 일어날 수 있다고도 말할 수 있다. 두 사건이 특정한 일련의 기준틀에서 상대적으로 동시에 일어난다면 말이다. 우리는 어째서 아인슈타인의 이론을 우리 방식대로 해석하는 걸까? (우리의 상식 범주를 수정하거나 재해석하게 만드는 다른 과학 이론에도 똑같은 질문을 적용할 수 있다.) 참고로 나는 잘 모르겠다.

따라서 어떤 것이 상대적인지 알아보는 방법은 두 가지다. 바로 불일치라는 현상과 상대성 이론에 관한 경험적 증거다. 진실이 상대적이라는 생각은 위 두 가지 근거에 전혀 해당하지 않는다. 한 사람은 무엇이 맞는다고 하고 다른 사람은 아니라고 하는 상황은 단순히 의견이 다른 것이다. 게다가 내가 아는 어떤 이론도 성공적이고 참신하고 놀라운 경험적 예측을 해 내는 동시에 사실이 상대적이라는 결론을 내리지는 못했다. 따라서 내가 아는 선에서는 사실이 상대적이라고 생각할 만한 근거가 없다.

사실이 생각에 지배받는다는 이야기, 즉 사실은 항상 우리의 생각과 행동에 따라 바뀐다는 말은 어떠한가? 확실히 생각과 행동에 따라 바뀌는 사실이 있기는 하다. 가장 정확한 예는 내가 철학을 좋아하며 오늘 아침에 강아지를 산책시킨 것처럼, 생각과 행동에 관한 사실이다. 조금 더 흥미로운 예는 사회적 혹은 인위적 요소라 부르는 것들로, 어떤 물건이 의자나 달러 지폐, 문진, 도서관 등으로 불리는 것은 사람들이 그 물건에 대해 생각하고 상호작용하는 방식에 달려 있다. 우리가 늘 걱정하는 일도 대개는 마음먹기 나름이다. 도덕, 성, 인종, 색깔, 시간의 방향에 관한 사실처럼 생각의 영향을 전혀 받지 않는 것도 있다. 하지만 모든 사실이 그러한지가 문제다.

나는 아니라고 생각한다. 사실이 마음의 지배를 받는다는 주장은 우리에게 마음이 없거나, 지금과는 전혀 다르게 생각하고 행동한다고 가정하면 성립하지 않는다. 예를 들어 물이 (1기압일 때) 섭씨 0도에서 언다는 사실이 생각에 영향을 받는다고 하면, 사람들이 다르게 생각하고 행동하거나 아예 사람이 존재하지 않을 때 물은 다른 온도에서 언다. 물론 '물'이라는 단어가 (아예 의미 없거나) 다른 것을 의미하거나, 다른 단위로 온도를 측정하고 있을 수도 있다. 하지만 이는 핵심에서 벗어나는 이야기다. '물'이 물을 의미하기 전부터, 섭씨로 온도를 측정하기 전부터, 인간이 존재하기 전부터 물은 섭씨 0도에서 얼었다. (내 말을 못 믿겠으면 대륙 빙하를 확인해 봐도 좋다.) 따라서 생각의 지배를 받지 않는 사실이 적어도 하나는 있는 셈이다. 여러분이 더 많은 예를 떠올릴 수 있을 것이다.

지금껏 논의한 이야기 중 하나라도 여러분이 말하는 '객관적인 사실'에 부합한다면 우리는 (뭐, 나도?) 객관적인 사실이 있는지 없는지 걱정할 필요가 없다. 그렇다고 안심하기는 이르다. 사람들이 객관적 사실이라는 용어로 제기하는 의문들은 여전히 풀리지 않은 또 다른 철학 문제들과 상당히 가깝기 때문이다. 이를 테면 계보적 불안, 우리가 생각의 객관적 특성을 중요시하는 때와 이유, 어떤 것이 상대적이라는 주장을 납득시키기 위해 필요한 증거, 우리의 일상이 얼마나 마음의 영향을 받는지에 관한 문제 등이다. 혹시 객관적 사실에 관해 대화할 기회가 생긴다면 정중하고도 단호하게 앞서 말한 더 급한 질문들로 주제를 바꾸길 권한다.

(행복이란
무엇일까?   )

나의 생각 메모

1

2

3

우선 사람들은 저마다 '행복'을 다르게 정의한다는 사실부터 짚고 넘어가자. 하지만 여기서는 개인의 삶의 만족도를 (아마도 부분적으로) 구성하는 심리적 특성의 총합인 '주관적 안녕'의 문제로 다루려 한다. 주의할 점은 만약 삶의 만족도가 마음 바깥에서 일어나는 문제(예를 들어 친구나 동료의 존경을 받고 있는지에 관한 문제)와 일부 연관되어 있다면, 그건 내가 말하는 행복이 아니다. 또한 행복하다는 감정을 유발하거나 이와 관련 있는 심리 상태가 아닌, 행복감이 (부분적으로) 나타나고 사라지는 심리 상태를 행복으로 생각하기도 한다. 즉 감사한 일들을 적는 행위는 행복감을 유발하는 요소고, 어느 정도 친한 친구들이 있는 사람은 행복하다고 말할 수 있다. 하지만 이런 행동이나 상태 자체가 더 행복한 삶을 만들어 주지는 않는다. 마지막으로 나는 행복한 사람은 삶을 잘 이끌어 가는 심리적 역량을 갖춘 사람이라고 생각한다. 고질라(일본 괴수 영화에 등장하는 괴물 이름§)는 도쿄 거리를 활보하는 게 행복할지도 모른다. 그 행복이 도쿄 시민의 행복과는 거리가 멀지만 말이다.

하지만 위 설명은 질문의 뜻을 좀 더 명확히 해줬을 뿐, 대답이 되지는 못한다. 질문에 대한 답을 얻으려면 다음 네 가지 이론을 구별하는 게 도움이 될 것이다.

쾌락주의 이론 Hedonic Theory : 행복은 곧 쾌락이며 고통이 없는 상태다.
선호 이론 Preference Theory : 행복은 원하는 것을 얻는 것이다.
삶의 만족 이론 Life Satisfaction Theory : 행복은 자신의 삶에 만족하는 상태다.
감정 상태 이론 Emotional State Theory : 행복은 일련의 감정과 감정적 기질을 뜻한다.

특정 이론을 지지하지는 않지만, 나는 쾌락주의 이론에 마음이 기운다. 우선 이 이론은 다른 조건이 동등한 상태에서 만약 내가 여러분보다 즐겁게 살고 있다면, 내 인생은 더 나아질 것이라는 사실을 기반으로 하는 듯하다. 두 번째로 나머지 이론을 반박하는 설득력 있는 주장들이 쾌락주의 이론에는 크게 영향력을 미치지 못한다.

선호 이론은 한 가지 문제를 간과하는데, 직관적으로 봐도 삶에 도움이 안 되는 것들을 사람들이 원한다는 사실이다. 이는 그것들이 자신에게 미치는 기대 효과를 오해한 탓일 수 있다. ("다섯 번째 커피를 마시면 기분이 좋아질 줄 알았는데, 아니네.") 혹은 직관적으로 봐도 우리 삶을 행복하게 하는 요소와 전혀 관계없는 환경에 우리의 욕망이 좌지우지되는 탓일 수도 있다. 남들보다 뒤처지지 않으려 애쓴다든지, 지금 기기도 괜찮은데 최신 기기를 원한다든지 하는 소위 내생적 선호(선호는 사회나 제도가 형성한다는 주장) 또는 적응적 선호라 불리는 현상이다.* 여러분의 선호가 위의 실수와 전혀 관련 없다 해도 일부는 다른 사람들의 선호를 전적으로 반영하게 되어 있다. 나는 캐나다의 문맹률이 개선되기를 바라지만, 이는 캐나다 사람들에게 좋은 일이지 나와는 전혀 상관없다. ·

이런 문제들이 쾌락주의 이론에는 잘 나타나지 않는다. 내가 어떤 즐거운 경험이 가져올 기대 효과를 오해하고 있다 해도, 다른 조건이 동등하다면 그때의 즐거운 경험으로 말미암아 내 삶은 여전히 행복할 것이다. 내가 어떤 대상을 원할 뿐 아니라 그 안의 즐거움까지 추구하도록 길들여졌거나 조종당했다 해도 (예컨대 어린 시절 매운 음식에 노출된 것처럼), 다른 조건이 동등하다면 여전히 그 즐거움을 맛보며 행복하게 살 것이다. 그리고 나에게 즐거움을 주는 대상을 찾으며 '내' 행복과 관련된 선호를 가려낼 것이다.

삶의 만족 이론에도 몇 가지 문제가 있다. 다른 사람보다 삶의 만족도가 더 높은 사람도 있는데, 그들이 더 행복한 삶을 살아서가 아니라 삶의 기대치가 형편없이 낮기 때문이다. (하루하루 지루함과 고통, 수치심으로 점철되는 삶을 살더라도 스스로가 그런 삶을 살아 마땅하다고 여기거나 삶에서 바랄 수 있는 가장 큰 희망이 그 정도라고 여기면 삶의 만족도는 높을 수 있다. 하지만 행복하지는 않을 것이다.) 그리고 우리가 겪었던 모든 일을

---

* 일부 철학자들은 우리의 무지와 불합리성을 사실에 반하는 가정으로 이상화하며 선호 이론의 기본 사상을 옹호하려 했다. 어쩌면 행복은 원하는 것을 얻는 게 아니라, 우리가 완벽하게 합리적이고 최대한의 지식을 가졌다는 전제하에 (대개 무지하고 불합리한) 실제 자아가 원하는 것을 추측해 얻는 것이다. 이는 매우 이상한 가정이다. 초특급 자아가 바라는 우리의 욕망에 대한 근거가 없을 수도 있기 때문이다. 게다가 선호 이론이 가진 다른 문제 역시 해결하지 못한다.

되짚어 보기란 무척 어렵다. 따라서 삶의 만족도에 대한 대답은 가장 먼저 떠오른 만족스러운 경험에서 끝날 수 있다.

그러나 쾌락주의에는 이런 문제가 없다. 단순히 삶의 기대치를 바꾼다고 해서 곧바로 행복한 삶을 사는 것은 아니다. 기대가 앞으로 경험할 즐거움과 고통의 수준에 영향을 미친다고 전제하고 (예를 들어 지원한 직무에 합격할 것이라 과신하다가 실망하는 경우를 생각해 보자.) 나머지 조건이 비슷하다면, 지금과 다른 상황이 펼쳐지기만을 바라는 사람보다는 여러분이 더 행복할 수 있다는 말도 일리가 있다. 다시 말해, 삶에 만족하려면 모든 요소를 다 고려해서 상황이 앞으로 어떻게 흘러갈지 매우 복잡한 판단을 내려야 하는데, 이 판단은 다양한 방식으로 왜곡될 수 있다. 지금까지 경험한 즐거움과 고통은 이런 식으로 판단할 문제가 아니다. 기대와 별개로 실제 삶이 어떻게 흘러가는지가 중요하다.

마지막으로 감정 상태 이론에 대해서도 할 말이 많다. 이 이론에서는 행복이 기대 수준이나 인생 전체에 대한 까다로운 평가, 잘못 형성되었을지도 모르는 선호, 다른 사람에게만 좋은 일 등에 어처구니없이 휘둘리지 않는다. 게다가 다른 조건이 같으면, 긍정 감정을 더 많이 느끼는 삶이 그렇지 않은 삶보다 행복하다는 말은 의심할 여지가 없다. 문제는 삶을 행복하게 만드는 요소가 감정이 아니라는 데 있다. 어딘가에 발가락이 찍히면 화가 나기는 하지만, 발가락에서 느껴지는 고통 자체는 감정이 아니다. 오르가슴을 선사하는 파트너를 사랑할 수는 있지만, 오르가슴 자체가 따뜻함 또는 사랑 같은 감정을 뜻하지는 않는다. 이런 요소들이 행복에 미치는 영향력은 감정보다 덜하지만, 여전히 어느 정도 힘은 있다.

감정 상태 이론 지지자들은 사람이 깊은 우울증에 빠져도 특정 시간 동안에는 재미있거나 흥미로운 활동에 주의를 돌리려 한다는 사례를 들어 의견을 피력한다. 그들의 삶이 즐거울 수는 있지만, 행복하다고 말하기는 왠지 이상하다. '행복'에 담긴 최소한의 의미 때문에 나도 이 주장에 반대하지는 않는다. 그런데 우리는 누군가의 삶에 대해 유감스럽다거나 탐탁지 않은 감정을 흔히 '불행'이라 말한다. 확실히 우울감에서 벗어나려는 사람들에게는 안타까운 부분이 있다. 우울증을 확실하게 치료하지 않으면 결국 행복한 삶을 살지 못할 것이다. 게다가 그들은 극도로 심신이 불안한 상태라서 기분 전환으로 하는 활동이 아주 조금이라도 방해를 받으면 맹렬한 우울감에 휩싸일 수 있다. 그들의 운은 언젠가 끝나고 만다. 위 상황들을 종합하면 현재 그들은 주관적 안녕감이 높다고 말할 수 있다. 내가 흥미롭게 생각하는 쾌락주의 관점에서 보면 그들도 행복한 것이다.

내가 아는 한, 쾌락주의의 가장 큰 문제는 즐거움이나 고통이 딱 떨어지는 단일한 감정은 아니라는 것이다. 자연 속 평화로운 산책, 잘 쉬었다는 느낌, 개운한 운동, 관심사 배우기, 맛있는 음식 먹기, 재미있는 농담 주고받기 등은 모두 즐거운 경험이기는 하지만, 어떤 공통점도 찾을 수 없다. 그런데 이게 그토록 심각한 문제인지는 잘 모르겠다. 모든 즐거운 경험에서 찾을 수 있는 공통점을 자세히 설명하기는 어렵지만, 한 가지는 확실하다. 바로 모두 다 즐거운 경험이라는 것이다. 즐거움과 고통이 극단적으로 이질적인 개념일 수 있으며, 어쩌면 다양한 유형의 즐거움은 특정 범위 내에서 서로 비교할 수 없을지도 모른다는 말이다. (재치 있는 말장난과 꿀맛 같은 낮잠을 환율로 계산할 수 있을까?) 그렇다면 다양한 종류의 행복 역시 마찬가지로 비교 불가능하다.

우리의 진짜 관심은 행복이며, 행복에 비해 쾌락은 작고 하찮게 보이기 때문에 행복이 쾌락보다 더 특별하다는 주장을 근거로 쾌락주의에 반대할지도 모르겠다. 하지만 이 주장은 즐거움을 작고 하찮게 생각할 때만 성립한다. 깊은 사랑에 빠질 때도, 고난을 극복하고 의미 있는 일을 성취할 때도, 친밀한 사람과 인생을 바꿀 만한 대화를 나눌 때도 즐거움을 느낀다. 이런 행위를 쾌락이라 부른다고 해서 그 가치가 떨어지는 않는다. 이는 쾌락이 하찮은 감정이 아님을 다시 한 번 생각하게 한다.

Epilogue

부스에 찾아온 한 방문객과 '경험 기계'에 관해 이야기한 적이 있다. 무엇이든 경험하게 해 주는 기계 안으로 들어간다고 가정해 보자. 예를 들어 유명한 바이올리니스트가 되고 싶으면, 그 기계는 유명 바이올리니스트의 삶을 선사한다. 다만 이 경험은 실제 일어나는 일이 아니며, 남은 생을 기계 안에서 살아야 한다. 현실 세계에서의 책임을 제쳐 두고서라도 그 기계 안으로 들어갈 것인가? 나와 대화를 나눈 사람은 아니라는 주장을 멋지게 설파했다. 무엇이 우리를 행복하게 만드는지 알려면 새로운 상황에서 새로운 것을 시도하고 우리가 그것을 얼마나 좋아하는지 관찰해야 한다. 즉, 우리가 진정 무엇을 좋아하는지 알아내야 한다. 경험 기계에 들어가면 우리는 이미 아는 즐거움만 느낀다. 그렇다 해도, 아직 알지 못하는 수많은 기쁨을 놓칠 위험을 무릅쓸 터인가?

(무의식이라는 것은
정말
존재할까?)

1

2

3

우리의 정신 상태 중 일부가 무의식에 해당하는지 묻는 말이라면 대답은 '그렇다'이다. 주의를 기울이는 것만으로는 알 수 없는 정신 상태는 대체로 무의식에 해당한다. 정신 상태가 무엇이라고 생각하든 간에 그것은 추론을 통해 간접적으로 얻은 지식이다. 이 관점에서 보면 우리의 정신은 대부분 무의식에 해당할 것이다. 예를 들어 누군가가 그림 속 동물이 '새'가 맞는지 묻는다면, 여러분은 타조를 보여줄 때보다 비둘기를 보여줄 때 더 빠르고 정확하게 답할 것이다. 우리가 가진 새에 대한 고정 관념에 타조보다는 비둘기가 더 부합하기 때문이다. 여기서 고정 관념은 정신 상태의 일종이다. 하지만 우리는 (다른 동물들 가운데) 새를 분류한 후 그 결과를 관찰하는 간접적인 방식으로만 고정 관념을 파악할 수 있다. 따라서 고정 관념은 무의식에 속한다.

더 극단적인 예로 특정 두뇌 장애가 있는 사람들의 말에 따르면, 본인들은 시야의 절반밖에 보지 못한다고 한다. 이들이 볼 수 없는 영역에 물건을 놓고 무엇인지 물어보면 '맹시(사물을 보지만 그것을 인지하지 못하는 일)'가 있는 그들은 당연히 모른다고 대답할 것이다. 하지만 추측하라고 하면 놀랍게도 정답을 말한다. 게다가 볼 수 없는 영역에 장애물을 두어도 피해 간다. 즉 그들은 시야에 들어오지 않는 물체를 감지하는데, 자신의 행동을 관찰해야만 이것이 가능하다. (맹시는 흥미로운 철학 질문들을 수없이 던진다. 맹시 환자가 앞에 연필 한 자루가 놓여 있다는 사실을 이 같은 간접적인 방식으로만 알 수 있다면, 그들이 앞에 연필 한 자루가 놓여 있다는 걸 안다고 말할 수 있을까? 이 문제가 지식에 대해 시사하는 바는 무엇인가? 맹시는 우리가 무의식일 때조차 특정 시각 정보를 활용할 수 있음을 보여준다. 이 사실이 의식에 대해 시사하는 바는 무엇인가?)

오늘날 무의식의 존재를 의심하는 사람들이 있다면 어머니에 대한 사랑, 배변 훈련 등을 담고 있는 프로이트Freud의 무의식에 관한 이론 때문일 것이라 짐작한다. 그런데 아주 최근까지도 철학자와 심리학자들은 모든 정신 상태가 그 자체로 의식에 해당한다고 보았다. 많은 철학자와 심리학자가 프로이트처럼 무의식을 생각하는 게 아니라 해도, 프로이트 덕분에 무의식의 존재가 일종의 상식이 되었으니 그에게 감사해야 할 것이다. 하지만 상식이 대개 그렇듯 무의식 역시 그렇게 흔한 주제가 아닐 뿐더러 필연적이라는 묘한 느낌마저 든다. 운 좋게도 실증적 증거가 무의식의 존재를 뒷받침하지만, 과학은 덮어 두고 상식 차원에서 내용을 살펴보는 게 건강에 이롭다.

몇몇 가족이 초등학생 한 무리를 데리고 부스에 들렀는데, 한 엄마가 딸에게 철학에 관한 질문거리가 있는지 물었다. "프로이트와 융 둘 중 누가 더 훌륭해요?" 이어지는 대화에서 이 꼬마 숙녀가 두 철학 심리학자에 대해 꽤 많이 알고 있다는 사실을 알았다. 아이는 우리가 꿈에 대해 얼마나 알고 있는지와 꿈은 우리에게 어떤 영향을 미치는지에 관한 흥미로운 이야기들을 쏟아냈다. 하지만 그 어린 나이에 벌써 철학에 관한 질문을 위대한 철학자들에 관한 질문으로 오해하고 있다는 사실에 나는 조금 슬퍼졌다. 또래의 아이들이라면 빅 브레인 보이즈 Big Brain Boys(10대 소년 두 명이 진행하는 팟 캐스트. 도덕, 윤리 문제부터 게임까지 다양한 주제로 이야기를 나눈다.)의 지난 방송 내용을 이야기하거나 다른 사람의 생각을 이해하려는 모습을 보여야 할 텐데 말이다. 진지하게 자기 생각을 먼저 정립하기를 마음속으로 바랐다.

(이원론을
반박할 수
있을까?

)

나의 생각 메모

1

2

3

처음 '철학자에게 물어보세요' 부스를 시작했을 때는 사람들이 사회·정치적인 철학과 개인 윤리관과 관련된 문제를 물어볼 것으로 예상했다. 어쨌든 이런 주제들은 뉴스를 통해서든 주위 사람들과 어울리려는 노력의 일환으로든 마주할 수밖에 없기 때문이다. 하지만 내 예상은 빗나갔다. 사람들은 무슨 생각을 하는지 말할 기회를 얻자, 아주 추상적이거나 사변적이거나 전혀 실용적이지 않은 질문들을 쏟아냈다. 어찌된 일인지는 몰라도 이런 질문들이 공중에 떠다녔던 셈이다. 주변인들도 엇비슷한 문제로 고민한다는 사실을 모른 채 사람들에게 이해받기 힘든 개인적 고민으로 괴로워하며 도시를 걸어 다닌다고 생각하니 희망적이면서 한편으로는 우스꽝스러웠다. 아무튼 두 사람이 일주일 간격으로 부스에 찾아와 엄청난 말을 쏟아내며 이렇게 질문했다.

우리가 '이원론'을 어떻게 정의하느냐에 따라 많은 것이 명백히 달라진다. 이원론이 흑과 백 또는 모든 것을 철저하게 배타적인 범위 안에서 생각하는 사고방식이라면, 문제는 명확하다. 바로 미묘한 차이를 보지 못한다는 것이다. 이런 식의 이분법적 사고에 반박하려면 이 문제를 유념해 두었다가 할 수 있을 때 점진성과 연속성, 미묘한 세부 사항들에 주목하면 된다. 척도와 연속체의 개념을 모조리 부정해야 할 때도 있을 것이다. 어떤 것은 좋거나 나쁘지도, 건강하거나 아프지도, 정신적이거나 육체적이지도, 자연적이거나 인위적이지도, 여성적이거나 남성적이지도 않을 수 있다. 혹은 이런 기준들 사이에 놓여 있지 않을 수도 있다.

그런데 부스에 찾아온 사람들이 걱정하는 문제는 이게 아니다. 그들이 말하는 이원론은 서로 굉장히 밀접하게 얽혀 있는 존재를 독립적인 객체로 보는 사고방식이다. 이원론은 신학의 발전에 이바지했는데, 신을 세상의 존재가 아닌 세상을 초월하는 존재로 보기 때문이다. 또한 이원론은 신비로운 경험을 통해 얻는 '대양감', 즉 사물 간 차이나 자신과 세상의 차이가 관습이나 환상에서 비롯하거나 유의미하지 않다고 느끼는 감각을 유지하고픈 욕망을 반영했을 수도 있다.

이런 의미의 이원론에 반박하는 방법이 몇 가지 있다. 고대 그리스의 엘레아학파Eleatic(기원전 6세기 후반에서 5세기 사이 이탈리아 남부 엘레아를 중심으로 나타난 고대 그리스 철학 분파§) 철학자들은 순수 이성을 근거로 눈에 보이는 사물의 차이는 모두 허상에 불과하다고 주장했다. 말 그대로 영원불변의 유일한 존재가 있다는 것이다. 이 주장이 유명해지는 데 가장 크게 기여한 것은, 물체의 운동에 관한 제논의 역설이다. 어떤 물체가 한 지점에서 다른 지점으로 이동하려면 우선 중간 지점까지 이동한 다음에 다시 남은 거리의 절반을, 또 다시 남은 거리의 절반을 계속 이동해야 한다는 이론이다. 목표 지점에 도달하려면 이 과정을 무한 반복해야 하는데, 이는 불가능하며 따라서 물체의 운동은 불가능하다는 것이다.

하지만 이런 주장은 아직 확실한 결론을 내리지 못한 사람들을 설득하기에는 역부족이다. (우선 무한한 거리를 이동하는 것과 무한한 수를 합한 거리를 이동하는 것에는 차이가 있다.) 물론 논리적으로 모순되는 상식도 있다.* 하지만 세상에 하나 이상의 존재가 있다는 가정은 최소한 논리적으로 모순되지는 않는다.

또 다른 주장은 모든 존재가 서로 명백히 다르다고 할지라도 만물의 기초가 되며 전체를 아우르는 하나의 존재가 있다는 것이다. 예를 들어 두 물체가 있고 이 둘을 모두 아우르는 전체가 있다고 하자. 그러면 우주를 다른 모든 존재를 아우르는 전체로 생각할 수 있을 것이다. 즉, 서로 전혀 관련 없어 보이는 존재들도 최소한 전체의 일부라는 공통점을 가지는 셈이다.

이런 사상은 17세기 철학자 바뤼흐 스피노자Baruch Spinoza가 쓴《윤리학Ethics》에 상세하게 나와 있는데, 사람들이 신비 체험으로 얻는 듯한 형이상학적인 통찰을 정확하게 표현한다. (내가 스피노자를 제대로 이해하고 있다면 말이다.) 철학자들은 세상을 구성하는 기본 구조에 관심이 많다. 현실 세계를 구성하는 가장 기본적인 요소는 무엇이며 그런 기본 요소에서 우리에게 익숙한 사물이 어떻게 만들어지는지 궁금해 한다. 자, 여기서 말하는 '기본' 요소란 무엇일까? 과거 철학자들이 '실체'

---

* 상대의 부재는 그 사람을 향한 애틋한 마음을 더 키우는데, 눈에서 멀어지면 마음에서 멀어진다나?

라 부르던 것(내가 보기에는 아직도 그렇다), 즉 다른 어떤 것에도 영향받지 않는 독립적인 존재가 바로 기본 요소라는 주장이 있다. 스피노자에 따르면, 세상에는 오직 하나의 실체(신이든 대자연이든 여러분이 그렇게 부르고 싶은 어떤 것)만 존재한다.* 이 실체에는 몇 가지 특성이 있는데, 사유와 확장(다른 말로 마음과 공간)도 이에 속한다. 이 특성들 자체가 다양한 '형태', 즉 우리가 사는 세상으로 나타난다. 스피노자의 이론에서 내 키가 크다는 것은 어떤 의미일까? 간단하게 설명하면 신이 내 키를 크게 했다는 식으로 사유를 확장한 것이다. 바꿔 말해, 우리가 경험하는 일상 세계는 신이 가진 여러 고유한 특성으로 이루어지며, 신이야말로 유일한 근원적 존재이다. 스피노자 이론의 장단점을 뭐라 말해야 할지 모르겠지만, 말도 안 되는 방식으로 세상의 이치에 대한 우리의 기본 상식을 억지로 포기하지 않고도 완전히 독립적인 존재는 없다는 생각을 싹틔우게 한다.

마지막으로 다양한 존재가 서로 연결되어 있다는 우연하고도 경험적인 사실을 잊지 말자. 지구의 모든 존재가 별로 만들어졌다는 말을 (너무 감동적이라) 이미 들어 봤을 것이다. 모든 종은 수많은 다른 종들에 의존해 생명을 유지한다, 인간과 개, 흰긴수염고래를 비롯한 모든 태반 포유류의 유일한 조상은 대략 6천5백만 년 전에 나타났다고 추정

---

*　스피노자의 주장은 난해하고 추론 과정에서의 근거도 빈약하다. 그런데 애매하긴 해도 그의 주장을 뒷받침하는 꽤 직관적인 이유가 적어도 하나는 있다. 무언가가 존재하면 모든 존재를 아우르는 총체성도 존재한다는 것이다. 만물의 총체성에서 자유로운 존재는 없다. 따라서 만물의 총체성이라는 적어도 하나의 실체는 존재하는 것이다.

된다. 인간 본성은 자연에 기초하며, 자연의 영향력을 등한시하기 시작한 것은 기껏해야 몇 년 되지 않았다. 우리가 가진 지식은 대부분 타인에게서 배운 것이다. 소수의 예외를 제외하고 현재 살아 있는 성인은 모두 수천 시간 동안 타인의 돌봄이라는 혜택을 받았다. 위 이야기 중 난생처음 듣는 말은 없을 터이다. 그런데 우리는 이 모든 사실을 왜 그토록 쉽게 잊어버릴까?

Epilogue

이원론 질문을 꺼낸 방문객 중 하나가 아담과 이브 이야기에 대한 훌륭한 해석을 제시했다. 보통은 이 이야기가 인간의 나약함, 배은망덕, 신에 대한 불복종을 이야기한다고 생각한다. 이브는 금지된 과일을 먹지 않을 만큼 강인하지도 선하지도 않았으며, 아담까지 위험에 빠트렸다. 하지만 그는 이 같은 해석은 이브가 선악과를 따 먹었다는 사실을 제대로 설명해 주지 않는다고 말한다. 어쩌면 이브의 잘못은 뱀의 유혹에 굴복하거나 신의 가르침을 잊은 게 아니라, 선과 악을 믿었다는 것일지도 모른다. 이 사소한 이분법적 사고가 모든 문제의 근원일 수 있다.

솔직히 나는 아담과 이브 이야기를 믿지 않지만 (가장 선한 자들이 확신을 잃는 법이다.) 덕분에 이 이야기를 전보다 더 잘 이해하게 됐다.

(시공간은
객관적으로
실존할까?)

나의 생각 메모

1

2

3

시간과 공간이 소위 절대적인지 상대적인지에 관한 문제로 생각해 보자. 공간의 절대성은 대표적으로 뉴턴의 이론에서 다루고 있다. 그는 오직 하나의 기준틀이나 좌표계만 존재하며 그 기준틀 안에서 물체의 속도는 실제 물체의 속도와 같다고 생각했다. 이 기준틀 안에서 어떤 두 지점은 항상 같은 거리만큼 떨어져 있는 것이다. 뉴턴에게는 이 기준틀 안에서 물체의 위치가 시간에 따라 바뀌는 것이 물체의 움직임에 관한 가장 근본적인 사실이 된다. 이 좌표계에서 설명하는 공간은 엄밀히 말해 물리적 특성은 없지만, 그 안에서 벌어지는 사건과 무관한 독립적인 존재다. 그렇다면 최소한 어떤 사물이 다른 사물의 관점에서는 움직이는 상태가 아니더라도 좌표계의 관점에서는 움직이는 상태일 수 있다. 우주 전체가 특정 방향으로 시속 1km씩 꾸준히 움직인다고 가정하면 이해하기 쉽다.

뉴턴이 절대 공간이라는 개념을 믿게 된 이유 중 하나로 그의 유명한 양동이 실험을 들 수 있다. 이 실험은 여러분도 집에서 해 볼 수 있다. 양동이에 반 정도 물을 채우고 끈에 매단 뒤, 양동이를 여러 번 돌려 끈이 단단히 꼬이도록 만든다. 마지막으로 양동이를 잡았다가 놓는다. 처음에는 양동이가 물보다 빠르게 회전하므로 물의 표면이 수평을 유지하지만, 물이 양동이의 회전 속도를 따라잡기 시작하면 물의 표면은 오목해진다. 다시 말해 물의 관점에서 양동이가 회전하면 수면은 평평하고, 양동이가 회전하지 않으면 수면은 오목하다. 즉 양동이를 기준으로 물이 회전하고 있다면 수면에 변화가 없고, 물이 회전하고 있지 않다면 수면에 변화가 생긴다. 뉴턴은 수면을 오목하게 만드는 움직임의 형태가 상대적이지 않으므로 절대적일 것이라 추론했다. 즉 절대 공간에서 회전 운동이 일어나는 것이다.

공간이 객관적으로 존재하는가에 대한 질문을 뉴턴의 이론이 옳은지 따져 보는 방식으로 접근할 수 있다. 그의 이론은 서로 다르면서도 연결된 몇 가지 개념을 주장하는데, 다음과 같이 나눌 수 있다.

특이성Singularity : 역학적 설명을 위한 가장 근본적인 기준틀이 있다.

영속성Eternity : 어떤 두 지점 사이의 거리가 항상 동일한 기준틀이 있다.

우선성Priority : 물체들 사이의 공간 관계는 원칙적으로 물체들의 위치와 속도로 설명되며, 그 반대는 성립하지 않는다.

실체론Substantivalism : 공간은 내부에서 일어나는 사건과 관계없이 독립적으로 존재한다.

위 주장 중 어느 것이 맞을까? 일단 특이성은 틀렸다. 모든 관성 기준틀(관성의 법칙이 성립하는 좌표계)은 설명의 한 방식으로써 동등하기 때문이다. 오늘날 양동이 실험에 대한 가장 빈약한 설명조차 절대 공간을 근거로 하지 않는다. (간략히 말하면, 오목해진 물은 모든 관성 틀에서 회전하기 때문이다.) 게다가 모든 것에 우선하는 단 하나의 기준틀을 찾으려는 시도들은 여러 이유로 실패했다. (일례로 네덜란드의 이론 물리학자 헨드릭 로런츠Hendrik Lorentz가 발전시킨 이론은 아인슈타인의 특수 상대성 이론과 같은 내용을 예측하지만 '발광성 에테르'가 정지해 있는 기준틀을 우선시한다. 그런데 발광성 에테르라는 물질이 어디에도 없다는 게 문제다.)

영속성도 틀렸다. 일반 상대성 이론에 따르면 두 지점 사이의 거리는 공간 곡률(큰 질량을 가진 천체 주변의 공간이 휘어지는 정도[§])에 따라 달라지며, 공간 곡률은 우주의 물질 분포에 따라 바뀐다. 우주의 물질 분포는 시시각각 바뀌므로 두 지점 사이의 거리도 시시각각 변한다.

우선성에 대해서는 아직 확실한 결론이 나지 않았다. 상대성 이론을 설명하는 방법으로 '관계주의'가 있는데, 물체들 사이의 공간 관계를 먼저 설정하고 해당 용어로 다른 관련 개념들을 정의한다. 그런데 실험으로 판별할 수는 없지만, 관계주의와 반대로 사물을 정의하고 이론을 설명하는 방법도 있다. (언니, 누나, 여동생을 여자 형제로 정의하는 것과 형제를 형, 오빠, 남동생, 언니, 누나, 여동생으로 정의하는 것의 차이와 조금 비슷하다.) 이리저리로 왔다 갔다 하는 생각은 어딘가 명확하지 않다. 적어도 어떤 접근법이 옳은지 합의된 바가 없으며, 나는 어느 쪽으로도 내세울 의견이 없음을 분명히 밝힌다.

실체론 역시 아직 확실치 않다. 시간과 공간이 단일한 사차원 시공이라면 둘은 서로에게서 독립적인 존재가 아니다. 만약 시공의 곡률이 우주의 물질 분포에 영향을 받는다면, 시공 기하학(아인슈타인의 상대성 이론에 기초한 기하학[*])은 시공간 안에서 벌어진 사건의 영향을 받게 된다. 그런데 실제 벌어지는 사건과는 별개로 시공간이 지닌 몇 가지 특성이 있다. 예를 들어 우주 상수(진공의 에너지 밀도[*])가 0이 아니기 때문에 텅 빈 우주도 팽창하는 것이다. 여하튼 실체론의 해석에 대해 합의된 바는 없다. 하지만 시공간은 그 안에서 일어나는 사건과 관계없이 이런저런 속성을 지닌다고 주장하는 실체론을 받아들이면, 시공간은 이론상 경험적으로 조사할 수 있는 대상이 된다.

휴, 이제야 다 끝났다. 내 물리학 지식은 이미 세 단락 전에 다 바닥났다.

(왜
그런
걸까?)

나의 생각 메모

1

2

3

사람들이 진지하게 이런 질문을 던질 때면 백색 소음 기계를 켜 놓은 듯하다. 우리는 일종의 지적 불안감을 지니고 있어서 누군가가 이 불안감에서 벗어나게 하거나 적어도 이야기를 통해 시선을 다른 데로 돌려 주길 바란다. 더 명확한 질문도 많지만, 기꺼이 답을 해 보겠다.

질문자의 관심을 끌 만한 대답에는 몇 가지 유형이 있다. 우선 무엇이 일상적 행동을 '정당화'하는지 묻는 것이다. (아침에 일찍 일어나는 이유는 무엇인가?) 이런저런 행위의 '목적'이나 '의미'를 물을 수도 있다. (우리는 왜 사는가?) 여러분은 아마도 이런 문제에 대해 이미 상당 시간 고민했을 것이다. 따라서 덜 알려졌지만 더 흥미로운 방식으로 질문을 해석해 보자. 일반적으로 어떻게 해야 제대로 설명할 수 있을까? 즉, '왜'로 시작하는 질문이 정당화나 합리화가 아닌 설명을 요구할 때는 어떤 대답이 정답일까?*

---

* 참고로 설명을 기대하는 '왜'로 시작하는 질문은 여러 유형으로 나타난다. 특히 이런 질문은 주로(항상) 비교 대상을 포함한다. 철학자 피터 립턴Peter Lipton의 말을 예로 들면, '11월'에 잎이 노랗게 물드는 이유(1월이 아니라)를 설명하거나 11월에 잎이 '노랗게' 물드는 이유(파란색이 아니라)를 설명하는 식이다. '왜'라는 질문에 대한 대답은 보통 말로 잘 드러나지는 않지만 말이다. 이는 설명하려는 대상이 정확히 무엇인지에 따라 미묘하게 달라진다.

설명 덕분에 우리는 현상을 이해하고 새로운 사실을 추론하며 (적어도 스스로) 새로운 정보와 신기술을 터득할 수 있다. 많은 과학 기업 역시 물질을 설명하고 그 설명을 증명하는 데 전력을 다한다. 따라서 설명은 확실히 중요하다. 하지만 단순 묘사나 예측과 달리 설명으로는 이러이러하다고 말하기 꽤 어렵다. 어쨌든 세상에 설명의 유형은 다양하며, 그것들의 공통점이 무엇인지 분명치 않다.

설명의 원리를 이해하는 한 가지 방법은 설명에 관한 영향력 있는 이론을 살펴보면서 무엇이 옳은지 그른지 따지는 것이다. 20세기에 벌어진 설명의 본질에 대한 철학 논쟁은 대부분 연역 법칙 이론, DN*에서 시작됐다. 연역 법칙 이론에 따르면, 어떤 사실을 적절하게 설명하려면 자연법칙에서 그 사실을 추론해야 하며, 해당 사실이 특정 상황에 어떻게 적용되는지에 관한 내용을 추가로 기술해야 한다. 예를 들어 내가 흑백 버전의 테트리스 게임을 한다고 가정하면, 한 블록이 다른 블록의 좌우 또는 상하 대칭인지 알아야 한다. 그런데 블록이 90도 회전했을 때보다 180도 회전했을 때 이를 파악하는 시간이 더 오래 걸린다. 왜 그럴까? 여기에는 자연법칙이 숨어 있다. 블록이 회전한 형태를 알아내는 데 걸리는 시간은 블록의 회전 각도만큼 증가하는 1차 함수 모양을 띤다. 게다가 연역 법칙 이론은 우리가 특정 사실뿐 아니라 자연법칙 자체를 어떻게 설명해야 하는지를 알려 준다. 일례로 일반

---

* 연역적 논증은 추론자가 실수하지 않는 한, 전제에서 결론을 도출해 내는 일련의 추리 과정이다. 전제가 참이면 결론은 논거의 구조만으로도 참이어야 한다. 여기서 '법칙Nomological'은 보편적이고 필연적인 규칙이라는 뜻이다.

상대성 이론은 뉴턴의 중력과 운동 법칙이 태양계 안에서는 꽤 정확하게 들어맞는 이유를 설명해 준다. 뉴턴의 법칙은 소위 아인슈타인의 법칙의 제한된 버전이기 때문이다 즉, 굉장히 빠르게 움직이는 물체가 없고 시공간의 일부가 제법 평평하거나 광속이 무한에 가깝다고 가정할 때 성립한다. 연역 법칙 이론은 또한 어떤 대상을 설명하는 방법이 여러 가지인 이유를 설명한다. 다시 말해, 어떤 자연법칙에서 주어진 사실을 연역적으로 추론하는 방법은 한 가지 이상이다.

거시적으로 보면 연역 법칙 이론은 설명이라는 상대적으로 모호한 개념이 기술과 예측이라는 좀 더 논리정연하고 과학적인 개념과 어떻게 연결되는지 보여준다. 설명은 자연법칙에 바탕을 둔 일종의 예측이다. 자연법칙이 변하지 않는 세상의 특성을 이야기하는 한, 설명 가능한 것은 어떤 의미에서 우리가 처음부터 예측했어야 하는 대상이다. 나처럼 불가사의한 일들에 불편함을 느끼는 게 이 이론의 특징이다.

결론적으로 연역 법칙 이론은 일부 설명 유형에 꽤 잘 들어맞는 듯하며, 다른 이론들에서는 찾아볼 수 없는 독특한 특징을 보여준다. 하지만 몇 가지 중요한 한계가 있다.

이상화된 설명

널리 알려진 설명 중 일부는 전적으로 잘못된 전제에서 출발했다. 예를 들어 우리는 용기 안의 기체가 수축할 때 압력이 증가하는 이유를 보일의 법칙(기체의 온도가 일정하면 기체의 압력과 부피는 반비례한다는 법칙§)을 활용해 설명한다. 하지만 보일의 법칙은 실제로는 존재하지 않는 '이상 기체(구성 분자들이 모두 동일하며 분자의 부피가 0이고, 분자 간 상호작용이 없는 가상의 기체)'에서만 성립한다. 또한 생물학자들은 개체 수가 무한히 많다고 가정하는 모델을 활용해 토끼 개체 수에 어떤 특질이 퍼지는 양상을 설명할지도 모른다. 하지만 연역 법칙 이론에서 이는 그리 심각한 문제가 아니다. 설명하는 기체가 이상 기체처럼 작용한다거나 해당 모델이 토끼의 이런저런 특질을 좀 더 정확히 포착한다는 전제를 추가하면 되기 때문이다. 그런데 이는 또 다른 문제를 불러일으킨다.

자연법칙

자연법칙이란 정확하게 무엇인가? 한 가지 모범 답안은 반사실적 상황을 가정해도 자연법칙이 성립한다는 점에서 다른 '일반화 정리'와는 다르다는 것이다. 예를 들어 지구에서 한 지역의 조수는 달과 가장 가깝거나 그 반대편에 있을 때 가장 높다는 사실은 하나의 자연법칙이다. 따라서 반사실적 상황을 가정해도 성립한다. 어느 지역이 지금은 달 반대편에 있지 않더라도 만약 달 반대편에 있으면 만조가 된다. (다음을 비교해 보자. 내 직계 가족은 모두 키가 122cm를 넘는다. 하지만 반사실적 상황을 가정하면 이 문장은 성립하지 않는다. 직계 가족 구성원에 아기가 포함될 때 아기의 키는 122cm를 넘지 못하기 때문이다. 따라서 이 문장은 자연법칙이 아니다.) 그런데 자연법칙을 이렇게 정의하는 게 옳다면 몇 가지 의문이 생긴다. 우선 반사실적 가정은 의미가 모호하고 전문 용어에 속한다. 과학적 설명을 정의하는 일에 반사실적 가정이 중요한 역할을 한다면, 가장 정확하고 냉철하며 수학적으로 정교해 보이는 과학 실험도 결국 상당히 모호해진다. 둘째로 반사실적 가정은 표면적으로 다른 가상 세계에서 일어나는 일에 대한 진술이다. 어째서 우리가 사는 세상의 자연법칙을 이야기하는 사실이나 설명이 다른 세상에서 벌어지는 일에 좌우되어야 하는가? 이 문제를 해결하는 방법이 있을지도 모르지만, 그 방법을 찾으려면 '자연법칙'에 대한 새로운 정의가 필요하다.

설명적 비대칭성

달과 조류의 예를 다시 생각해 보자. 어떤 지역이 만조인 이유를 알고 싶다면 방금 내가 언급한 법칙을 인용하고 그 지역이 현재 달의 반대편에 있다고 덧붙이면 완벽하게 설명할 수 있다. 하지만 왜 달이 그 지역의 반대편에 있는지가 궁금하다면? 그 지역이 현재 만조고 그날은 달이 그렇게 가까운 위치에 있지 않다는 사실을 곁들이며 언급했던 법칙에서 그 이유를 추론해 낼 수 있을 것이다. 하지만 이는 말도 안 되는 추론이다. 달의 위치가 조류 현상을 설명하는 것이지 조류 현상이 달의 위치를 설명하는 것은 아니기 때문이다. 이는 인과관계의 방향과 관련이 있다. 중력파는 달에서 지구 표면의 물로 이동하며, 이로 인해 밀물과 썰물이 발생한다. 반대로 조수는 달에 아무런 변화도 일으킬 수 없다.

설명적 연관성

자연법칙이 반사실적 가정을 성립시키는 일반론이라고 가정해 보자. 전형적인 예로 내가 생물학적 남성인데도 절대 임신하지 않으리라는 사실을 철저히 검증하고 싶어 (여성용) 피임약을 복용한다고 하자. 이는 특정 자연법칙, 즉 피임약을 복용하는 생물학적 남성은 절대 임신하지 않는다는 사실과 일치한다. 따라서 나는 내가 절대 임신하지 않는 이유를 설명할 수 있다. 피임약을 먹는 생물학적 남성은 절대 임신하지 않는데, 나는 피임약을 먹는 생물학적 남성이다. 그런데 물론 내가 피임약을 먹는 사실은 설명과 무관하다. 피임약을 먹지 않아도 임신하지 않았을 것이기 때문이다. 따라서 어떤 사실에 대해 정확하게 설명하려면 설명과 설명하려는 사실의 연관성을 따져 봐야 한다. 자연법칙이 추론할 수 있는 모든 사실을 설명하지는 못한다.

비법칙적인 설명

때때로 우리는 자연법칙을 전혀 언급하지 않고 사물을 설명한다. 꽃병이 산산조각 난 이유는 무엇일까? 내가 떨어트렸기 때문이며, 이때 자연법칙은 필요 없다. 설사 여기에 자연법칙을 끌어들이고 싶다 할지라도 어떤 법칙을 인용해야 할지 분명치 않다. 어쨌든 모든 꽃병이 떨어졌다고 해서 산산조각 나는 것은 아니기 때문이다. 아마 대부분은 산산조각 나지 않을 것이다. 또 다른 예를 들어 보자. 보통 우리는 특정한 서술로 역사적 사건을 설명한다. 먼저 독일은 1차 세계 대전에서 패한 후 대공황을 겪으면서 (간단히 말해) 나치가 권력을 잡았다. 하지만 여기에 어떤 역사적 법칙이 적용된다고 말하기는 힘들다. 전쟁에서 패한 나라들은 필연적으로 경제적 공황을 겪는가? 경제적 공항이 항상 권위주의를 초래하는가? 그건 아닐 것이다. 단지 이런 특정 상황 속에서 우연히 사건이 터졌을 뿐이다.

엉뚱한 증거

수학적 또는 (그런 게 있다면) 도덕적 사실에 관한 설명은 많은 흥미로운 질문을 불러일으킨다. 모든 수학 이론(적어도 일반화 정리에 속하는 모든 이론)은 자연법칙인가? 그렇다면 사소하거나 아직 밝혀지지 않은 여러 가지 수학적 사실을 자연법칙에서 추론할 수 있을 것이다. 왜 '1+1=2'일까? '1+1=2+0'이 자연법칙이므로 '1+1=2'가 된다는 대답은 적절하다고 보기 힘들다. 우리가 특정 공리만을 실제 수학 법칙으로 받아들인다고 해도 그 법칙이 모든 추론을 설명하지는 못한다. 예를 들어 새로운 수학 정리를 증명하도록 프로그래밍 된 컴퓨터는 수학자들이 계산하기에 너무 길고 지루한 수식들을 일컫는 '전화번호부 증거'를 조작하기도 한다. 이 자료가 실제로 효력이 있을지는 몰라도 결론을 설명할 수 있다고 생각하는 사람은 본 적이 없다. 사람들이 이야기하는 수학적 설명은 논의 중인 문제의 사실을 이해하는 것과 밀접한 관련이 있는데, 이는 일종의 심리 상태라 볼 수 있다. 하지만 단지 자연법칙에서 어떤 결론을 추론했다 해도 그 문제에 대한 이해, 즉 어떠한 심리 상태를 보장하지는 못한다.

우리는 언젠가 이 모든 문제를 해결하는 단 하나의 통합된 설명 이론을 찾을지도 모른다. 혹은 몇 가지 다른 설명 유형이 있고 우리가 할 수 있는 최선은 각각의 유형을 이해하는 것일지도 모른다. 어느 쪽이든 만족스러운 설명 이론이 되려면 설명적 이상화, 연관성, 비대칭성, 비법칙성과 서술적 설명을 비롯해 설명과 이해 간의 관계를 제대로 짚고 넘어가야 한다. 나는 이 책을 고를 만큼 현명한 여러분이야말로 그 일의 적임자라고 확신한다.

Epilogue

꼬마 소년이 사과가 빨간 이유를 묻자, 나는 머릿속에 가장 먼저 떠오른 생각을 말해 주었다. 빨간 상추 잎에 들어 있는 보조 색소에 대한 생물학자의 말이었다. 그러자 꼬마는 의기양양한 미소를 지으며 말했다. "왜요?" 내가 되물었다. "왜라니 뭐가?" 아이가 다시 물었다. "왜 그런 거예요?" 분명 집에서 이런 과정을 반복했을 꼬마의 엄마가 눈을 굴리며 말했다. "선생님이 너에게 답을 말씀해 주셨잖니. 그냥 '왜요'라고만 하면 안 돼!"

이때 다른 철학자 하나가 대화 주제를 바꿔 상황을 모면할 수 있었다. 그는 아리스토텔레스Aristotle의 '사원론' 즉, '왜'라는 질문에 대답하는 네 가지 방법*을 요약해 주었다. 결과는 대성공이었다.

30분가량 지난 뒤 20대 청년들이 주위를 서성이며 한동안 멀리서 부스를 바라보았다. 마침내 한 사람이 다가와 물었다. "왜 그런 거죠?" 이번에는 나도 화제를 전환시킬 준비가 되어 있었기에 곧바로 설명의 특징으로 넘어갔다.

꼬마와 청년 모두 우리를 조금 괴롭힌 셈이다. 그래도 이런 식의 친절한 괴롭힘은 철학적인 대화를 시작하기에 결코 나쁘지 않다.

---

* 질료인質料因은 사물이 만들어지는 원인이다. 형상인形相因은 내가 알기로 사물의 형태나 원형 또는 사물의 위치를 근거로 그 본질을 설명한다. 동력인動力因은 어떤 사물보다 앞서 존재해 그것을 초래한 원인이고, 마지막으로 목적인目的因은 사물의 존재 이유를 말한다.

PART II

일상 속 질문에 대하여

(사랑은
무엇일까?   )

나의 생각 메모

1

2

3

많은 사람이 사랑을 감정으로 생각한다. 거의 맞긴 하지만, 사랑은 감정이 아니다. 감정은 사랑만큼 오래 지속되지 않기 때문이다. 여러분이 잠을 자거나 다른 일로 바쁘거나 사랑하는 사람에게 화가 난다고 해서 그를 사랑하지 않는 것은 아니다. 하지만 그가 떠날지도 모른다는 생각으로 걱정하지도 않고 그가 괴로워할 때 속상하지도 않고 얼굴만 봐도 기쁘지 않다면 여러분은 그를 사랑하는 게 아니다. 결론적으로 사랑은 특정 상황에서 한 사람에게 특정한 감정을 느끼는 성질이다.

그런데 이 설명이 그리 만족스럽지 않은가? 사람들은 사랑이 무엇이냐고 물으며 사랑에 관한 뭔가 심오하고 놀라운 사실을 발견하려 애쓴다. 그런데 여러분이 (이 책을 읽고 있다는 것은 내게 질문을 한 것이라고 생각하니까) 나에게 묻는다면 사랑은 감정적 기질의 집합체라는, 사실이면서도 그다지 심오하거나 놀랍지 않은 이야기를 할 수밖에 없다. (그래서 사람들은 사랑이 무엇인지 물을 때 그토록 부끄러워하는 듯하다.)

재미있게도 여기서 새로운 질문을 발견했다. 사랑에 관한 흔한 철학 질문 중 하나가 감정의 합리성에 대한 것인데, 이번에는 진짜 흥미로운 대답을 들을 수 있을 것이다. 다음 질문에서 답을 찾아보자.

(누군가를
사랑하는 것은
합리적인가?   )

나의 생각 메모

1

2

3

우리는 감정이나 감정적 기질이 적절하거나 부적절하다 또는 합리적이거나 불합리하다고 말한다. (친절한 대우에도 화를 내거나, 비참한 실패를 자랑스러워하거나, 자신이 알고 있는 사실이 누구에게도 영향력을 행사할 수 없다는 걸 두려워하는 사람을 떠올려 보라.) 그런데 어딘가 이상하다. 생각이나 말의 합리성은 그것의 사실 여부를 증명할 수 있느냐와 관련 있다. 하지만 사랑과 분노는 참과 거짓을 가릴 수 있는 종류의 것이 아니다.

감정의 합리성을 따지는 한 가지 방법은 감정의 '목적'을 생각하는 것이다. 우리는 왜 이런 감정을 느끼도록 진화했으며, 문화와 개인의 성장 과정은 어떤 식으로 감정 작용을 미세하게 조정해 현재 우리가 사는 삶의 형태와 조화를 이루게 했을까? 생물학적 기능의 향상 수준이나 문화와 개인의 성장 과정에 따라 특정 상황에서 특정 감정이 나타난다면, 필요 없는 상황에서 그 감정이 나타나는 것은 무엇인가 잘못되었다는 뜻이다. 그렇다면 누군가를 사랑하는 것이 합리적인가에 관한 문제는 우리가 사랑하는 능력을 키워 온 이유와, 성장하면서 그 능력이 어떻게 만들어졌는지에 관한 문제가 된다. 낭만적인 사랑이라면 진화적 관점에서는 암수의 결합 및 번식과 관련 있을 것이고, 문화적 관점에서는 타인과 함께 삶을 꾸릴 때의 심리적·경제적 장점과 관련 있을 것이다. 더 자세한 내용은 생물학자와 인류학자에게 묻는 게 좋겠다.

그런데 우리가 아직 다루지 않은 사랑에 관한 흥미로운 철학 질문들이 많다. 사랑에 빠진 순간을 어떻게 알 수 있을까? 다양한 형태의 사랑(낭만적 사랑, 가족 간 사랑, 친구 간 사랑, 자기애, 반려 동물에 대한 사랑, 취미에 대한 사랑 등)에 공통점이 있을까? 사회적 기대에 전혀 영향을 받지 않는 순수한 사랑은 어떤 모습일까? 그런 사랑이 가능하기는 하며, 바람직하다고 말할 수 있을까?

(성적 지향은
타고나는
걸까?)

나의 생각 메모

1

2

3

내 오랜 친구 중 하나는 어려서 자신이 게이라는 걸 알았다. 그는 일곱 살 무렵 부모님과 함께 영화 〈알라딘〉을 보러 갔다가 자신이 주인공에게 주위 사람들과는 다른 반응을 보인다는 걸 깨달았다. 알라딘에게서 눈을 뗄 수가 없었다. 알라딘과 뭘 하고 싶은지는 정확히 몰랐지만, 사랑에 빠졌다는 것쯤은 알 수 있었다. 그것으로 끝이었고, 영화는 이어졌다.

물론 내 친구만 이런 경험을 한 것은 아니다. 많은 동성애 남성이 남자나 소년들에게서 처음으로 성적 흥분을 느낀 순간을 이야기한다. (분명 재스민과 사랑에 빠진 소녀들도 많았을 테다.) 게다가 대다수는 이런 종류의 이야기를 주인공이 동성애자라는 것을 나타내는 결정적 증거로 받아들인다. (어떤 이유에서인지 우리는 본인이 이성애자임을 알았던 시기에 대해서는 잘 이야기하지 않는다.)

나는 이 이야기들이 기본적으로 사실이고 대개 주인공의 인생에서 중요한 역할을 한다는 점을 의심하지는 않지만, 약간 잘못 해석되고 있다는 생각이 든다. 이 이야기들은 성별이 같은 사람에게 매력을 느낀 자신에 대해 말하기 때문이다. 동성애자는 단지 동성인 사람에게 매력을 느끼는 사람이 아니다. 그들은 (아마도 무엇보다) 동성인 사람만 성적으로 선호한다. 사람들에게 성행위의 형태나 체형 등을 제외한 성별에 관한 성적 선호가 있다는 생각은 최근에 등장했다. 일례로 고대 그리스인들은 사람이 성적으로 수동적이거나 능동적이거나 둘 중 하나를 선호한다고 생각했다. 그리스 남자는 자신이 동성애자라거나 심지어 양성애자라는 것을 깨달아도 이를 처음 알았던 순간을 말하고 다니지는 않았을 것이다.

물론 과거 사람들이 (몇몇 예외를 제외하고는) 말하지 않았다는 사실만으로, 동생애자들이 현재와 비슷한 비율로 항상 있었던 것은 아니라고 결론 내릴 수는 없다. 그렇다면 한 가지 의문이 생긴다. 이토록 많은 이들이 동성애자라는 걸 발견하기까지 왜 그토록 오랜 시간이 걸렸을까? (사람들은 동성애 행위에 대해 줄곧 알고 있었다는 점을 기억하라.) 성적 발달 과정을 간단하게 설명하면 다음과 같다. 우리는 다양한 성적 성향을 타고난다. 이는 우리가 경험한 성적 흥분이나 쾌락을 통해 다듬어지고 사회가 허용하는 성적 선호 범주 안으로 좁혀진다. 따라서 (예를 들어) 성적 지배를 즐기는 성향을 타고난 사람도 있으며, 그는 포르노를 보거나 파트너와 직접 해 보면서 자신이 특정 형태의 성행위를 즐긴다는 것과, 지배자라고 불리는 유형이 있으며 자신이 그런 유형의 사람이란 걸 깨닫는다. 자, 이렇게 그는 지배자가 된다. 오로지 선천적인 이유로 동성을 선호하는 사람도 있겠지만, 수천 년 동안 그런 사람은 매우 드물었다. (물론 동성애자들이 대부분 타고났다면 그들의 일란성 쌍둥이 역시 대부분 동성애자일 것이다. 이는 성적 지향이 부분적으로 유전된다는 사실을 증명하지만, 그게 우리의 논지는 아니다.) 동성애자들은 대부분 후천적으로 어느 시점부터 동성애자가 되었을 것이다.

이 말이 설득력이 떨어지거나 불쾌하게 느껴진다면 그동안 이 문제가 공개적으로 다뤄진 방식 때문일 수 있다. 일반적인 통념에 따르면 우리는 동성애자로 태어나거나 동성애자가 되기로 선택한다. 사람들이 동성애자가 되기로 선택한다는 생각은 바보 같이 들리는데, 실제로 그렇기 때문이다. (성별은 말할 것도 없고 한 사람에게도 끌릴지 말지 선택하기란 굉장히 어렵다.) 그런데 우리는 인간의 다른 특성이 선택의 산물이거나 선천적인 특성이거나 둘 중 하나여야 한다고는 절대 생각하지 않는다. 사람들은 선천적으로 고양이보다 강아지를 더 좋아하는가? 아니면 고양이보다 강아지를 더 좋아할 것을 선택하는가? 명백히 둘 다 아니다. 우선 우리는 강아지나 고양이가 뭔지도 모른 채 태어난다. 더구나 의도적으로 고양이를 더 좋아하며 그에 따른 평생의 좌절과 실망도 감수하겠다는 사람이 있다니 말도 안 된다.

(남자를
남자답게 만드는 것은
무엇일까?　　　　)

나의 생각 메모

1

2

3

정말 까다로운 질문이 이어지고 있다. 성별 차이의 생물학적 근거는 무엇일까? 우리의 행동을 예측하고 교화하는 데 사용되는 사회 정체성, 즉 사회 집단에 의해 인지되는 역할이나 범주는 어떻게 형성되는가? 자신에 관한 생각과 표현 방식에서 핵심을 차지하는 특성인 개인 정체성은 또 어떻게 형성되는가? 사회 정체성과 개인 정체성은 젠더(혹은 사람들이 '젠더'라고 표현하는 다양한 요소들)에 어느 정도 영향을 끼치는가?

이 질문들에 어떤 식으로 대답해야 할지 잘 모르겠다. 그래서 이 대화를 시작한 사람의 생각에 그나마 가까워 보이는 쉬운 질문부터 답하려 한다. 우리는 성전환한 남성을 남성이라 불러야 할까? 대답은 '그렇다'이다. 성전환한 남성을 남성이라 부르지 않는 것은 잔인한 행동이기 때문이다(성전환한 여성의 경우에도 마찬가지다). 그들이 우리가 남성이라 부르길 바라는 데다, 그들을 남성이라 부르는 것은 아주 쉽다. 누군가가 원하지 않는 행동을 충분히 안 할 수 있는데 (결과적으로 아무런 차이가 없는데도) 굳이 하는 건 잔인한 행동이다. 이 잔인함은 트랜스젠더들이 고용주와 병원 관계자, 일반 대중에게 괴롭힘과 차별을 당하는 현실과 맞물려 배가 된다. 이미 힘든 삶을 사는 트랜스젠더들을 더 힘들게 해야 할까? 우리가 다른 사람에게 기본적인 배려를 베풀고 자율성을 존중하듯이 트랜스젠더들에게도 같은 대우를 해야 하지 않을까?

이 글로 설득이 필요한 사람을 설득할 수 있다면 참 좋겠지만, 힘들것 같다. 그래서 나올 만한 반대 의견 몇 가지를 살펴보려 한다.

◆　　그런데 '남성'은 원래 그런 뜻이 아니다.

아마도(!) 과거에 '남성'은 그런 뜻이 아니었을 테지만, 의미는 바뀌기 마련이다. 단어의 의미가 바뀌는 합당한 이유 중 하나는 단어의 기존 의미가 사람들에게 상처를 주기 때문이다.

◆　　하지만 트랜스젠더들은 정신적으로 문제가 있다.

자신의 성별을 생물학적 성과 다른 성으로 간주하는 것이 정신적으로 어떤 문제가 있을까? (이는 망상이 아니다. 트랜스젠더는 자신의 생물학적 특성에 대해 제대로 알고 있다.) 그런데 대체 정신적인 문제란 무엇인가? 정신 질환이란 우리에게 해를 끼치는 정신 기능 장애인데, 이 관점에서 보면 성전환은 정신 질환이 아니다. 성을 바꾸는 게 누군가를 해치는 일은 아니기 때문이다. (물론 트랜스젠더는 대부분 성전환 수술 전 굉장히 불안해 하는데, 이는 결이 다른 이야기다.) 아무튼 성전환이 정신적 문제라고 주장하려면 정신 질환의 개념을 반박할 수 있는 논거가 필요한데, 그런 논거는 아직 본 적 없다.

◆   하지만 트랜스젠더들은 다른 이에게 피해를 준다. 그들은 성별이 구분된 공간에서 위험한 존재이며 성 고정 관념과 젠더 본질주의를 부추긴다.

트랜스젠더가 시스젠더(타고난 생물학적 성과 젠더 정체성이 일치하는 사람)보다 성별이 구분된 공간에서 훨씬 더 위협적이라는 증거는 없다. 그런데 반대 상황은 있을 수 있다. 나처럼 생긴 성전환 남성이 여성 전용 공간(예: 로커 룸)으로 들어가 옷을 갈아입는다면 당연히 거기 있는 여성들이 화를 낼 것이다.

트랜스젠더가 성 고정 관념과 젠더 본질주의(남성과 여성 안에 각기 완전히 다른 본질적 특성이 있다는 관점)를 부추긴다는 주장은 내 생각에 반은 맞고 반은 틀리다. 성전환 남성이 다음과 같은 말을 한다고 해 보자. "난 항상 내가 남자라는 걸 알고 있었어. 어렸을 때부터 언제나 트럭과 칼을 갖고 놀고 싶어 했으니까." 이런 말은 남성성이 타고나거나 본질적이라는 고정 관념을 깨부수는 데 도움이 된다. 물론 대다수의 트랜스젠더가 이렇게 말하지는 않지만 이런 말을 하는 사람도 있다고 인정한다. 그런데 그게 뭐가 문제인가? 오히려 성 고정 관념을 깨부수고자 날마다 노력하는 사람은 대부분 트랜스젠더 아닌가? 그리고 트랜스젠더가 시스젠더보다 이런 고정 관념을 타파하려 더 큰 노력을 기울인다 해도, 사회가 그들이 원하는 명사와 대명사로 불러 주지 않으면 다 무슨 소용인가?

긴 글을 읽기 싫은 사람을 위해 짧게 요약하면, 성과 젠더를 둘러싼 형이상학적인 질문들은 정말 난해하다. 하지만 우리가 트랜스젠더들을 합당하게 대우하면 그들의 삶은 훨씬 더 편안해질 것이다.

(누가 내게 술을 산다면,
나는 그 사람에게
신세를 지는 것일까?)

나의 생각 메모

1

2

3

우리의 도덕적 사고는 회계 장부와 비슷한 점이 많다. 사람들에게 물건을 '빚진다'라고 말하거나 수감자들이 '사회에 진 빚을 갚는다'라는 식의 표현을 쓰는 것을 보면 그렇다. 즉 여러분이 누군가에게 해를 끼치면 그들도 처벌이나 경제적 손실 등의 형태로 똑같이 되갚는다. (물론 채권자가 채무자를 용서하듯이 용서할 수도 있다.) 반대로 누군가가 여러분에게 이로운 행동을 하면, 경제적 이익이라는 형태로 그에게 빚을 갚아야 한다. 도덕이라는 회계 장부의 균형을 맞춰야 하기 때문이다.

누군가가 바에서 여러분에게 술을 사줄 때 그와 대화하거나 술을 받아 마셔야 할 것 같다면, 회계 장부라는 은유적 표현이 제대로 들어맞는다. 하지만 이 회계 장부를 의심해 봐야 한다. 요구 사항이 너무 적을 때도 너무 많을 때도 있으니 말이다.

요구 사항이 너무 적은 이유는 여러분이 입힌 손해가 제공한 이익과 적당히 균형을 이루는 한, 자신이 도덕적으로 깨끗하다고 여기는 데 별 무리가 없기 때문이다. 하지만 이것이 우리가 타인과 자신에게 바라는 전부일까? 스스로에 대한 기준을 더 높이면 훨씬 더 나은 세상이 될 것이다.

요구 사항이 너무 많은 이유는 회계 장부라는 은유적 표현을 너무 진지하게 받아들이면 사회가 우리에게 무척 짜증스럽고 별 의미도 없는 특별한 도덕 의무를 남발하기 쉽기 때문이다. 만약 워런 버핏Warren Buffett이 순수한 호의로 내게 백만 달러를 준다면 너무도 감사할 것이다. 하지만 그 돈을 갚으려 애쓰기보다 내 시간과 돈으로 더 좋은 일을 할 수 있지 않을까? 아니 더 중요한 질문은 술집에서 외로움이나 성적 욕구를 달래려는 사람일지라도 돈 몇 푼만 있다면 우리가 그와 대화를 나눌 의무가 있다고 정말로 생각하는가? (이는 길에서 빈 술병을 들고 가다가 누군가와 부딪혀 병이 깨지면 술값을 갚으라고 하던 옛날 사기 수법처럼 들리기도 한다.)

물론 그와 이야기를 나눠서 좋을 수도 있다. (적어도 자리를 옮겨 계속 술을 마시도록 부추기거나 그와의 대화로 자신이 위험에 빠지는 일만 없다면 말이다. 당연히 '그'일 수밖에 없다. 안 그런가?) 하지만 최대한 친절을 베풀어야 한다는 도덕적 의무는 없다. 그렇다면 다른 일을 할 시간이 없을 테니까 .

(젠트리파이어가
새 동네를 망치지 않도록 하려면
어떻게 해야 할까?)

나의 생각 메모

1

2

3

우리 집 근처에 스쿱스Scoops라는 자그마하지만 맛 좋은 아이탈* 레스토랑 겸 아이스크림 가게가 있다. 날씨 좋은 날에는 동네 사람들의 발걸음이 끊이질 않는다. 이 가게는 아주 오래 전부터 있었다. 이 지역에는 옛날부터 카리브해와 아프리카 출신 사람들이 살았는데, 최근 들어 나 같은 사람들이 대거 이주하면서 집값은 물론, 차별화되고 더 비싼 상품과 서비스에 대한 수요를 급격히 부풀려 놓았다. 스쿱스의 임대 계약이 유효한데도, 건물주가 계약 갱신을 거부하며 퇴거 조치를 해 협박한 일이 있었다. 그러자 많은 이들이 모여 스쿱스 지키기에 나섰다. 사람들은 탄원서를 내고 지역 언론의 관심을 이끌어 냈으며 건물주와 협상을 진행하기도 했다. 결과가 어떨지는 두고 봐야 한다.

전부는 아니라도 젠트리피케이션의 잠재적 위협 상당수가 위 이야기에 깔끔히 요약돼 있다. (사회 과학자들 사이에서는 이런 일이 얼마나 자주 일어나는가에 대한 의견이 분분하지만) 장기 거주민들이 쫓겨나거나 지역 서비스 물가가 상승할 수 있으며, 소속감을 잃고 동네 분위기는 점

---

* 라스타파리Rastafari(자메이카에서 시작된 신흥 종교§)에서 먹는 비건 음식

점 더 불평등해지며 장기 거주민과 새로운 거주민 사이에 적대감이 싹틀 수도 있다. 새로 이사 온 사람들이 경찰에 자주 호소한다면 말이다.

이런 문제들은 대개 개인의 행동만으로 해결하기 어렵다. 새로 이사 온 사람이 혼자서 기존 주민들과 친하게 지내고 지역 상점에서 물건을 구매하며, 비싼 아파트를 임대하거나 사지 않을 수는 있다. 그가 건물주나 개발 업자, 부동산 투자자가 아니라면 말이다. 하지만 조직적으로 움직이거나 제도적 힘을 활용하면 훨씬 더 많은 일을 할 수 있다. 스쿼스 지키기 캠페인처럼 국민 청원이나 언론의 힘을 빌리거나 임차인 조합을 만들거나 지역 내 시민운동에 참여하고, 지역 대표에게 주택 및 상가 임대료 법을 수정하도록 압력을 행사할 수도 있다.

다시 말해, 젠트리피케이션을 향한 분노를 이것이 가능하도록 만든 사회 환경으로 돌리는 편이 훨씬 낫다. 젠트리피케이션은 대체로 정부와 개인 회사들이 이미 투자를 중단하고 지역 가치를 평가 절하한 후에야 발생할 확률이 높다. 사람들이 젠트리피케이션이 진행되는 지역으로 들어가는 이유 역시 다른 지역에서는 임대료를 감당할 여력이 없기 때문이다. 부동산 가격을 낮게 유지해서 물가 상승을 유발하는 고금리 대출과 부동산 투기를 금지 또는 제한하거나 (저소득층이나 노동자 계급이 사는 지역에 과도한 부담을 지우지 않도록 주의하면서) 인구 밀도가 낮은 도시의 신축 공사를 합법화할 수 있다. 물론 질 좋은 공공 주택을 대량 공급하는 더 좋은 방법도 있다. 지역 공공 서비스에 더 많은 기금을 지원하는 식으로 젠트리피케이션 예방 접종을 할 수도 있다. 진짜 문제는 이런 것들이지 새로 생긴 카페에서 일하는 문신한 남자가 아니다.

(노숙인에게
돈을
쥐야 할까?
)

나의 생각 메모

1

2

3

돈을 자신에게 쓰거나 노숙인에게 주거나 둘 중에 하나만 선택해야 한다면, 노숙인에게 주는 편이 더 나을 것이다. 노숙인들이 마약이나 술 같은 자기 파괴적인 물건을 사는 데 돈을 조금 쓸 수도 있지만 (아주 만약의 일이다.) 대부분은 기본 생필품을 사는 데 쓸 것이다. 돈은 여러분보다 그들에게 더 좋은 결과를 가져다준다.

　하지만 모든 가능성을 열어 두더라도, 선택지는 돈을 나 자신에게 쓰는 것과 지역 노숙인에게 쓰는 것만이 아니다. 마음속으로 정해 놓은 기부금 예산이 있을 테니 노숙인에게 직접 돈을 주면 다른 자선 단체에 기부할 금액은 줄어든다. 게다가 심리학자들이 말하는 도덕 면허(공개적으로 이타적·윤리적 언행을 과시하고 나면 사생활에서 이를 잘 지키기보다는 이익의 손실을 보상하려는 욕구가 커진다는 이론)의 함정에 빠질 수도 있다. 따라서 노숙인에게 직접 돈을 주는 행동은 다른 자선 단체에 기부하는 행위를 비롯한 다른 선행의 실천을 방해한다. 선택지가 지역 노숙인에게 직접 돈을 주느냐 아니면 자선 단체에 기부하느냐 둘 중 하나라면 의심할 여지없이 자선 단체에 기부하는 편이 더 낫다.

　자선 단체를 연구하는 학자들이 아주 높게 평가하는 어게인스트 말라리아 재단Against Malaria Foundation(AMF)을 예로 들면, 그들은 단돈 4달러 50센트로 말라리아모기가 있는 지역 주민들에게 살충제를 뿌린 모기장을 제공한다. 자선 단체 평가 기관인 기브웰Givewell에 따르면, AMF 기부금 10만 달러가 36명의 죽음을 막을 수 있다고 하니, 한 사람을 살리기 위해 2,778달러 정도의 비용이 드는 셈이다. (이는 AMF가 예방하는 말라리아 경증 환자의 수나 사람들이 말라리아에 걸리지 않음으로써 나타나는 부수 효과를 반영하지 않은 수치다.) 그에 비해 뉴욕시 정부는 노숙인 쉼터 부족을 이유로 노숙인들의 호텔 방값을 대신 내 주곤 한다.* 뉴욕시의 한 호텔 객실에 성인 노숙인 한 명을 수용하는 비용은 연간 4만 달러에 이른다. 당국이 이들이 살 주택을 임대한다고 해도 월세가 1,400달러 아래인 집을 찾는 것은 불가능에 가깝다. 누군가의 생명을 살리고 수많은 사람이 말라리아에 걸리지 않도록 예방하는 일과 몇 달 동안 누군가의 집세를 내주는 일 중 무엇이 더 중요할까?

◆   노숙인에게 직접 돈을 주기보다 자선 단체에 기부하는 게 더 효과적이라는 것은 인정한다. 하지만 효율성만 놓고 자선 행위를 판단할 수는 없다. 노숙인은 바로 눈앞에서 나와 얼굴을 마주한 채 무언가를 요구한다. 게다가 외국인들을 걱정하기 전에 우리 사회를 먼저 돌봐야 할 의무가 있지 않은가?

---

* 이 책을 쓰는 동안 시 당국은 이런 관행을 단계적으로 폐지하고 있지만, 여전히 비일비재하다.

얼굴 볼 일 없는 외국인보다는 눈앞에 있는 사람의 욕구를 더 민감하게 느끼는 것이 당연하다. 지역 사회에 환원하고자 하는 욕망과 이를 뒷받침하는 상호주의가 매우 강하다는 것도 일리가 있다. 하지만 이런 충동을 제대로 조절하지 않으면 잘못된 방향으로 갈 수 있다. 지역 사회에 느끼는 책임감이 특별히 강할수록 그 사회는 기존의 자원을 더 많이 쌓아 둔다. 부유한 부모들이 자녀 학교에 전달한 기부금 때문에 미국 내 교육 불평등이 얼마나 심각해졌는가? 지역 노숙인에게 직접 돈을 주는 행위도 사실상 같은 연장선 위에 있다.

◆ 다시 말해 자선 단체가 "여러분은 잘못된 기부를 하고 있습니다."라고 말하는 셈인가?

그렇다. 하지만 신중히 접근해야 한다. 진심으로 옳을 일을 하려는 사람들에게 손가락질하는 것은 역효과를 가져오기 때문이다. 자선 단체로부터 어떤 말을 더 듣고 싶은가? "좋은 일입니다만, 더 나은 방법이 있습니다!" "오, 정답에 가깝네요!" "자, 저희가 도와 드릴게요!"

(내가 바꿀 수 없는 일에
화를 내는 것이
무슨 의미가 있을까?)

나의 생각 메모

1

2

3

대체로 의미 없다. 열차가 지연된 탓에 화를 낸다면 자기 발등을 찍는 꼴이다. 조건이 바뀌지 않는 한 화를 낸다고 해서 상황이 나아질 수 없으며, 열차와 달리 화는 어느 정도 통제가 가능하기 때문이다.

하지만 우리가 어찌할 수 없는 일에 화를 내는 게 이해될 때가 있다.

우선 지금 당장은 상황을 바꿀 수 없을지라도 미래에 비슷한 나쁜 일이 벌어지는 것을 막으려 노력할 수는 있다. 만약 내가 비를 맞아 기분이 나쁘면 다음에 우산을 챙길 확률이 더 높아진다.

두 번째로 바꿀 수 없는 일에 화를 내는 것은 자기 존중과 관련된 문제이기도 한다. 목숨을 위협당할 정도는 아니지만 불쾌한 방식으로 매번 지역 마피아에게 괴롭힘을 당한다고 가정하자. 혼자서 마피아를 상대하기에는 그가 무척 힘이 세기도 하거니와, 경찰과 협력하거나 그에게 대항하는 운동을 도모하는 위험하고 곤란한 상황에 연루되고 싶지도 않다. 이제 내가 이런 괴롭힘에 딱히 아무런 감정도 느끼지 않는다고 해 보자. 이 말은 무엇을 의미하는가? 내가 어떤 불의의 희생자일지라도 할 수 있는 일이 아무것도 없다는 걸 깨달아 화를 내거나 모욕감을 느끼지 않도록 마음을 다잡았을 수도 있다. 하지만 내게 일어나는 일이 특별히 나쁘지 않고 그럴 만하다고 여겨서 아무 감정도 느끼지 못할 수도 있다. 너무 슬픈 일 아닌가? 마치 자신의 행복을 다른 사람만큼 소중하게 여기지 않는 사람, 즉 자기 존중감이 없는 사람 같다. (제임스 볼드윈James Baldwin(미국의 흑인 작가)은 아버지가 자기 존중이라고 말할 수 있는 자기애를 잃어버렸다고 묘사했는데, 그 자신을 부당하게 대우하고 무시하는 백인 사회의 태도에 더는 화를 낼 수 없었기 때문이다.) 내 생각에는 분개하고 모욕감을 느끼는 사람이 되는 편이 훨씬 낫다. 분노와 모욕감 자체가 우리에게 좋아서가 아니라, 나 자신을 돌보는 일과 밀접하기 때문이다.

마지막으로 감정은 주로 깊은 사회적 작용을 유발한다. 사람은 자기 감정을 더 크게 느끼기 마련이며 그래야 타인과 좋은 관계를 맺을 수 있다. 따라서 감정이 '혼자서' 어찌할 수 없는 상황에 대한 반응이라는 말은 요점에서 벗어난다. 여러분이 이별을 겪고 혼자서 뭘 어떻게 해야 할지 모르면, 친구를 만나 슬픈 감정을 털어놓거나 엉엉 소리 내서 울어야 사람들이 여러분을 위로하고 함께 시간을 보내며 안심시켜 줄 것이다. 우리 힘으로 상황을 바꿀 수 없는 사실을 알면서도 슬픈 게 아니라, 우리 힘으로 상황을 바꿀 수 없으니 슬픈 것이다.

아울러 자기감정을 통제하려는 사람은 마초적 성향을 의심해 봐야 한다. 다음에는 아마 단백질 파우더와 미심쩍은 식품 보조제를 원하게 될지 모른다. 자기 내면이나 주변 환경을 통제하려는 충동은 주변 사람들의 눈살을 찌푸리게 만든다. 나는 휴지로 (건네줘서 고맙다) 눈물을 훔치는 쪽을 택하겠다.

(부모의 죽음을
어떻게
받아들여야 할까?)

나의 생각 메모

1 _____

2 _____

3 _____

일부 철학자들은 죽음이 나쁘지 않다거나 속상해 할 일은 아니라는 말로 여러분을 설득하며 감정이 무뎌지게 한다. 그들은 죽은 사람이 더는 삶을 원하지 않는다거나, 죽음은 잠든 상태 혹은 태어나기 전 상태와 같다거나, 새로운 생명이 태어날 공간을 위해서라도 죽음은 꼭 필요하다고 말한다. 혹은 피할 수 없는 일을 두려워해도 소용없다거나, 영혼은 불멸의 존재라 육체보다 오래 살 것(이는 그리 좋은 일도 아니다)이라는 이유를 든다. 따라서 나까지 그렇게 말하지는 않겠다.

　내게 심리적으로 도움을 주었던 생각을 여러분과 나누려 한다. 이는 스스로의 죽음을 돌아보는 과정도 포함한다. 우선 죽음은 중간이 없는 개념임을 인지해야 하는데, 살아 있거나 죽었거나 둘 중 하나다. 하지만 삶이라는 중요한 문제는 둘 중 하나로 나눌 수 있는 개념이 아니다.

　공상 과학 소설 같은 사고 실험을 예로 들면 이해하기 쉽다. 중추 신경의 1%를 다른 사람의 것으로 대체하는 수술을 받는다고 상상해 보자. 여러분의 기억, 성격, 계획, 욕망, 신념 등의 1%가 사라지고 다른 사람의 것이 그 공간을 채운다. 조금 무섭기도 하고 궁금하기도 하지만, 죽는다고 생각하지는 않을 것이다. 자, 이제 이 사고 실험의 내용을 조금 바꿔 보자. 만약 중추 신경의 25%, 50%, 75%, 99%가 교체된다면 어떨까? 비율이 커질수록 이 수술이 살인 행위처럼 느껴질 것이다.

그런데 이러한 과정이 노화와 무척 비슷하지 않은가? 현재의 우리는 과거의 우리와 미래의 우리가 조금씩 합쳐진 결과물이라 할 수 있다. 매일 죽은 세포를 새것으로 바꾸며, 낡은 생각들을 버리고 새로운 (바라건대 더 나은) 생각을 받아들인다. 기존 기술을 잊고 새로운 기술을 얻기도 한다. 현재의 기억을 저장할 공간을 만들고자 과거 기억을 잊어버린다. 물론 15세의 내 모습 정도는 알아볼 테지만, 조금 놀랄 수도 있다. 그렇지 않으면 슬플 것 같다.

내가 하고 싶은 말은 이것이다. 중요한 것은 우리가 좋은 방향으로든 나쁜 방향으로든 항상 죽음과 비슷한 일을 겪는다는 사실이다. 죽음이 굳이 좋을 건 없지만, 지금껏 살면서 겪은 일들과는 전혀 다르다는 측면에서 보면 꼭 나쁘다고 말할 수도 없다. 평생 겪어 온 변화와 죽음을 완전히 다른 태도로 대한다는 것은 부자연스럽다.

이것이 부모의 죽음을 대하는 태도와 무슨 상관이 있을까? 죽음이 부모에게 전례 없는 해악을 끼칠 것이라는 생각 때문에 불안하다면, 생각을 바꾸면 불안을 해소할 수 있다. 그뿐 아니라 (다른 이들처럼) 부모의 주요 가치관이 계속 변해 왔듯이 죽음도 삶이 변하는 과정이라고 여기면, 생각보다 부모의 죽음을 잘 받아들일 수 있을 것이다. 그래도 부모의 죽음을 마주하기란 무척 힘들다. 몹시 생소하고 무거운 일인 탓이다. 하지만 우리는 살면서 조금씩 부모의 죽음을 마주하고 있다.

장소와 방법을 가리지 않고 항상 나오는 질문이다. 맨 처음 이 질문을 받은 것은 퀸즈의 한 파머스 마켓에서였다. 질문자는 내 대답에 상처받고 화가 난 것 같았다. 그녀의 어머니가 얼마 전 돌아가셨다는데, 우리가 무슨 대화를 할 수 있겠는가? 내가 에피쿠로스Epicurus(헬레니즘 시대의 그리스 철학자)와 루크레티우스Lucretius(고대 로마의 철학자)의 논리*를 반쯤 섞어 이야기했던 것 같은데, 그녀는 내 말을 외면했다. 그날로 돌아간다면 삶을 살아가는 데 중요한 가치, 산 사람에게 집중하는 일의 중요성, 감정의 합리성에 대한 의문 등의 핵심 주제로 다시 이야기를 나누고 싶다. (이런 상황에 적합한 감정적 반응을 일으키는 요소는 무엇인가? 상황에 맞는 적절한 감정적 반응은 어떻게 일어나는가?) 하지만 여러분이 슬픔에 잠겨 있거나 부모가 곧 돌아가실 수도 있는 상황이라면 이런 이야기를 나누기는 어렵다. 이런 문제는 되도록이면 시간이 좀 흐른 후에 생각하는 편이 낫다.

---

* 에피쿠로스와 그의 철학을 따른 루크레티우스는 죽음이 아무런 해를 끼치지 않는다고 주장했다. 둘은 자신의 주장을 뒷받침하는 수많은(어쩌면 너무 많은) 논거를 제시했는데, 해를 입을 주체가 없다는 내용이 가장 유명하다. 우리가 살아 있을 때 죽음은 존재하지 않는다. 우리가 죽었을 때 우리는 존재하지 않으며, 존재하지 않는 사람에게는 그 무엇도 해를 입힐 수 없다. 따라서 죽음은 우리가 살아있든 죽었든 우리에게 해가 되지 않는다. 흥미롭게도 '에피쿠로스'는 이디시어(중부 및 동부 유럽 출신 유대인이 사용하는 언어)로 이단을 뜻한다.

（ 은퇴 후에도
목적이 있는 삶을
살 수 있을까? ）

1

2

3

서른셋의 나이에 책을 쓰면서 이런 말을 하는 게 조금 우습지만, 그것은 어려운 문제가 아니다. 은퇴한 뒤에도 자선 단체에서 봉사하거나 힘든 상황에 처한 친구를 지지해 주거나 (여유가 된다면) 좋은 일에 돈을 기부하는 것 등 타인을 위한 의미 있는 활동을 할 수 있다. 여러분의 직업이 다른 많은 직업과 마찬가지로 세상을 더 나은 곳으로 만드는 데 기여하기보다는 기업에 돈을 벌어다 주는 일에 더 가까웠다면, 은퇴 후에 다른 이들을 위해 의미 있는 활동을 할 기회가 더 많을 것이다. 더욱이 스스로를 위해 의미 있는 일을 하거나 자기 계발을 하고 싶으면 운동, 여행, 강의 듣기, 공예 등 많은 선택을 할 수 있다.

　하지만 위에서 언급한 일들을 하려는 의욕도 그럴 능력도 없는 사람이라면 이 대답은 실질적으로 도움이 되지 않는다. 의욕이 생기지 않는 데는 여러 가지 이유가 있다. 사람은 직업적 지위 혹은 상사와 동료 및 고객에게 본인이 필요한 존재라는 것을 자각할 때 정체성과 가치를 느끼기도 하는데, 원치 않게 은퇴해야 한다면 이는 몹시 우울하고 속상할 수 있다. 죽음을 두려워하거나, 노화를 유해하고 쇠약해지는 과정으로 바라보는 태도를 내면화함으로써 무력해지기도 한다. 호기심이나 내적 동기를 비롯해 아침에 집을 나서게 만드는 습관을 들이지 않은 사람도 있다. 노인의 '생산성'이 과소평가되어 있다고들 하지만, 실제로 타인이나 나를 위해서 어떤 일을 할 능력이 없을 수도 있다.

이 질문을 한방에 철학적으로 풀어내기는 힘들다. 게다가 완벽하게 철학적인 문제도 아니다. 하지만 철학이 은퇴와 노화의 과정을 거치면서 일반적으로 얻을 수 있는 고유의 가치를 정확히 파악하도록 도울 수는 있다. 지나친 일반화와 선동, 감정의 배제라는 문제를 피해 갈 수는 없지만, 사회에서 더는 내가 필요하지 않다거나 앞으로 무슨 역할을 해야 할지 모르겠다는 생각으로 괴로워하는 사람들에게는 도움이 될 것이다.

우선 우리는 모두 어느 정도 나약한 면을 지니고 있으며 항상 서로에게 기대어 살아간다. 누구에게나 있는 이 약점이 때로는 강점이 되기도 하는데, 연대와 공감, 상호주의의 기초가 되는 것이다. 하지만 건강한 성인으로서 독립적으로 사회생활을 하다 보면 이 약점을 잊고 지내기 쉽다. 현실은 그렇지 않은데도 자신은 사람들에게 덜 기대며 산다고 생각하는 것이다. 바로 이 부분에서 노화와 은퇴가 가치 있는 경험이 될 수 있다. 여러분과 주변 사람들이 이 약점의 중요성을 인식하게 해 주기 때문이다. 아울러 죽음의 그림자가 선명해질수록 사람들이 우리에게 의지한다는 사실도 명확해진다. 우리가 누군가의 죽음에 슬퍼하거나 맞이할 죽음을 걱정하는 것은 그가 경제 활동에 참여했기 때문이 아니다. 우리는 직업만 보고 누군가에게 의지하지 않는다.

또 다른 생각으로는 철학 심리학자 카를 야스퍼스의 주장대로 우리의 세계관(현실을 가장 밀접하게 반영하며 우리가 가장 보편적으로 받아들일 수 있는 믿음이자 태도)은 '한계', 즉 우리가 생각하길 거부하는 가능성이자 해결하길 거부하는 모순으로 인해 정체되어 있다. 하지만 때로 우리는 이 한계에 맞서기도 한다. 우리는 (초조하게 혹은 즐겁게 혹은 다른 방식으로) 세상이 어떻게 돌아가는지, 그 속에서 우리의 역할은 무엇인지, 정말 중요한 건 무엇인지에 대한 기본적인 이해가 부족했다는 것을 깨닫는다. 야스퍼스는 이런 경험을 '한계 상황'이라 불렀다. 살면서 언제라도 이런 한계 상황에 부딪힐 수 있는데, 많은 이들이 은퇴를 한계 상황이라 생각하며 일반적으로 한계를 시험하는 각종 도전 및 새로운 발견과 함께 노화가 찾아온다. 확신할 수는 없지만, 그동안 축적된 경험을 통해 앞으로 한계 상황을 더 창의적이고 능숙하게 헤쳐 나갈 수 있다. 그러면 조금 더 욕심을 내어 우리가 습득한 지혜가 본보기로써 사람들에게 전달되기를 바랄 수도 있다. 나는 은퇴하지도 않았고 아직 젊은 축에 속하지만, 이런 문제를 고민하면 할수록 살펴봐야 할 부분이 많다는 생각이 든다.

(우리를 정신적으로
병들게 하는 것은
무엇일까?)

나의 생각 메모

1

2

3

이 질문은 그나마 논란의 여지가 적은 정신 질환들의 공통점은 무엇인지, 정신 질환과 단순히 별나고 특이한 성격은 어떻게 다른지를 설명하는 방식으로 접근할 수 있다. 하지만 이게 가장 유용한 방법이라고는 생각하지 않는다. 우선 논란의 여지가 그나마 적은 정신 질환들이라 해도 여전히 논란이 이어지고 있다. 게다가 반정신 의학 이론가, 장애 인권 활동가, 때론 사회 문제라는 본질을 회피하려 약물 치료를 한다고 의심하는 사람 등 많은 이들이 정신 질환을 다루는 방법에 대해 상당히 회의적으로 반응하기 때문이다. 처음부터 이런 회의주의자들의 생각이 틀렸다고만 하지 않고 우려를 해소할 만한 적절한 설명이 있었으면 참 좋았을 것이다. 둘째로, 미국정신의학협회에서 발행하는 《정신 질환의 진단 및 통계 편람Diagnostic and Statistical Manual of Mental Disorders, DSM》은 개정될 때마다 내용이 대폭 수정된다. 정신 질환에 대한 전문가들의 합의를 담은 책조차 계속해서 바뀌는 것이다. 일시적으로라도 정신 질환에 대한 정확한 설명, 즉 DSM의 내용을 검증할 만한 기준이 있었으면 좋겠다. 그리고 세 번째로 우리는 실생활에서 이론이나 온갖 것을 설명하는 데 정신 질환이라는 개념을 활용한다. 정신 질환의 개

넘을 어떤 식으로 활용하는지를 밝히기 전에 정신 질환이 무엇인지부터 알아내려 하는 것은 우리의 궁금증을 해결하는 데 별 도움이 되지 않는다.

다행히 이 문제를 다르게 접근할 수도 있다. 바로 철학자 샐리 해스랭어Sally Haslanger가 말한 '개념 분석'으로, 이는 철학자 루돌프 카르나프Rudolf Carnap의 순차적 설명 방식과 비슷하다. 우선 정신 질환이라는 개념의 요지, 목적 혹은 기능에 대해 질문해야 한다. 개념은 그 말을 쓰는 목적을 설명해 주는데, 그렇다면 사람들은 정신 질환이라는 개념을 활용해 무엇을 할까? 정신 질환의 개념이 일종의 도구라면, 어떻게 활용해야 제 역할을 잘할 수 있을까?

이 질문에 대한 나의 의견을 묻는다면 정신 질환의 개념에는 적어도 세 가지 기능이 있다고 말할 수 있다. 첫 번째 기능은 정신 의학자와 정신 병리학자들의 연구 결과를 통제하는 것이다. 그들은 정신 질환의 성격과 원인, 치료 방법을 연구하므로 무엇이 정신 질환인지 아닌지 판단하는 일은 그들이 시간과 관심을 무엇에 쏟아야 할지를 결정하는 데에 영향을 미친다.* 다른 기능은 치료의 방향을 결정하는 것이다. 정신 질환을 치료하기 원하는 사람들은 정신과 의사, 임상 심리학자, 정신 건강 사회 복지사에게 상담을 받는다. 마지막으로 정신 질환의 개념은 도덕적이고 법적인 기능을 수행한다. 우리는 정신 질환 때

---

* 원래 질문자가 정신 질환이라고 표현하기는 했지만, 어쩌면 '질환'보다는 '장애'라는 표현이 더 정확할지도 모르니 대체해도 무방하다.

문에 어떤 행동이 나타났다고 여기면, 평소와 달리 행동의 책임을 묻지 않는다. 설명이 모호하지만, 무슨 뜻인지 이해할 것이다. 누군가의 부적절한 행동이 정신 질환으로 나타난 것이라면 보통 그 사람을 치료해야 한다고 생각하지, 보복한다거나 그의 행동에 대해 감정적인 반응(타인이라면 분노 혹은 경멸, 자기 자신이라면 죄책감과 수치심)을 보일 확률이 낮다. (중요한 것은 정신 질환의 개념에 이런 기능들이 있다는 주장에는 동의하더라도 여전히 정신 질환이라는 것은 없다고 생각하는 사람이 있다는 것이다. 정신 병리학자들은 연구할 거리가 아무것도 없으며 정신과 의사들은 합법적인 의료인이 아니라고 생각할 수 있다.)

따라서 진짜 문제는 다음과 같다. 이 세 가지 기능을 가장 잘 수행하려면 정신 질환의 개념을 어떻게 정의해야 할까? 혹은 정신 질환의 정의가 각 기능이 제대로 발휘되는 데 영향을 미친다면 어떻게 정의해야 할까?

그런데 이 부분에 대해서는 내가 할 수 있는 말이 없다. 나는 정신 병리학이 방법론적으로 어떤 강점과 약점이 있는지, 정신 건강에 관한 다양한 문제들이 지금까지 어떻게 중재됐는지, 형법에서 기존과 다른 방식으로 정신 질환에 접근한 결과는 어떠한지, 범죄 행위를 의학 문제로 다룰 때 장단점은 무엇인지에 대해서는 잘 모르기 때문이다. (미안하다!) 하지만 일반적으로 정신 질환이 무엇인지 정의할 수는 없어도, 특정 상황이 정신 병리학자들이 연구해야 할 문제인지 정신과 의사들이 다뤄야 할 문제인지, 아니면 도덕과 법이 부여한 사회 통제 도구를 활용해 우리가 다뤄야 할 문제인지 정도는 생각해 볼 수 있다. 내 생각은 이렇다. 학자들에 따르면 미국 수감자들의 약 20%가 '심각한' 정신 질환을 앓고 있다고 한다. 이들 중 대다수는 출소 후 몇 년 안에 재수감된다. 게다가 경찰은 정신 병력이 있는 사람들을 제대로 다루지 못해 물의를 일으킨 어두운 과거가 있다. (데버라 대너Deborah Danner, 사히드 바셀Saheed Vassell, 샌드라 블랜드Sandra Bland, 찰스 킨제이Charles Kinsey, 쾌시 아순Kwesi Ashun 등 경찰에 사살된 희생자들을 떠올려 보라.) 따라서 '정신 질환'을 어떻게 정의하든 간에 현재 사법 시스템보다 정신 건강 전문가들이 관련 문제를 다루는 것이 더 적합하다는 주장은 일리가 있다.

(가난한 나라에서 생산한
물건을 사면 그들의 노동력을
착취하는 것일까?)

나의 생각 메모

1

2

3

착취를 바라보는 관점 중 하나로 경제적 목적을 들 수 있다. 내가 여러분에게 재화나 서비스를 두고 바가지를 씌우거나 지나치게 적은 임금을 제공해 비난받아 마땅하다면 나는 여러분을 착취한 것이다.

나는 (물론 질문자도) 경제적 착취를 도덕적 개념으로 보기 때문에 '비난받아 마땅하다'라는 표현을 썼다. 예를 들어 내가 여러분에게 싸구려 장신구를 바가지 씌워 팔고 난 뒤, 상품성이 떨어진다고 생각될 만큼의 결함이 있었는지 정말 몰랐다고 항변해도 여전히 나는 여러분을 착취한 것이다.

더 복잡한 문제는 바가지나 임금 착취 또는 합리적인 가격에 대한 기준인데, 철학자 존 롤스John Rawls의 무지의 장막을 활용해 이를 상당히 잘 설명한 이론이 있다. 여러분이 내게서 어떤 제품을 사려 한다고 가정하고 스스로에게 물어보자. 우리가 이 거래의 합리성을 따지는 데 필요한 모든 정보를 알고 있다면? 즉 제품의 품질과 제조 과정을 비롯해 일반적으로 제시된 가격, 각자의 니즈와 선호도 및 재정 상태, 소비자 행동 심리 등 여러분과 내가 제품에 관한 모든 사실을 알고 있다면? 하지만 거래가 끝나는 시점과, 판매자나 소비자가 누가 될지는 모른다는 게 중요하다. 무지의 장막은 상상 속의 교섭 상황으로, 무지의 장막 뒤에서 합의한 가격은 합당한 거래가라고 주장한다.

몇 가지 더 이야기하면,

· 복권이나 정보를 사듯이 특정 사항을 모르고 있어야 거래가 성립 되는 경우를 설명하려면 이 이론은 더 정교하게 수정되어야 한다. 어떤 내용을 보충해야 할지는 모르지만, 이는 처음 질문과 딱히 관련은 없다.

· 아동 착취나 동물 착취를 다룰 때에도 이 이론은 수정되어야 한다.

· 노예 제도야말로 착취의 전형적인 사례이지만 이 논리에 깔끔 하게 들어맞지는 않는다. 어떻게 보면 노예 소유주들은 노예와 직접 거래하지 않기 때문이다. 나는 거래의 개념을 적정한 수준 으로 확장하는 데 해답이 있다고 생각한다. 적어도 노예가 주인 을 위해 일하기로 했다면 소유주는 노동의 대가를 지불해야 한 다는 점에서, 노예 소유주가 노예와 직접 거래한 것이라 말할 수 있다.

물론 우리가 실제로 무지의 장막 뒤에 있을 수는 없다. 하지만 장막 뒤에서 무엇을 할지는 다양하게 추정해 볼 수 있다. 상상력을 동원해 보면, 판매자와 소비자 모두의 입장이 되어 본 사람들에게 얼마를 적 정 가격으로 볼 것인지 추론하라고 하거나, 소비자에게 유리한 시장 가격과 판매자에게 유리한 시장 가격의 평균값을 계산하거나, 소비자와 판매자가 실제 받아들일 수 있는 가격의 평균값을 구한 뒤 협상력과 관련 지식의 비대칭 정도를 구체적으로 고려해 조정하는 것 등 방법은 여러 가지다.

나는 착취와 공정한 가격 문제를 이런 식으로 풀어 가는 것이 마음에 든다. 강압에 못 이겨 거래에 동의하는 사람을 수상하게 여기는 이유를 구체적으로 설명하기 때문이다. 예를 들면 노동자에게 최저 임금에 훨씬 못 미치는 돈을 주는 행동이 전형적인 착취 사례가 되는 이유를 설명해 준다. 아무리 노동자들이 그 일을 하고 싶어 한다 해도 말이다(왜냐하면 고용주들은 특별한 위치에서 비롯된 엄청난 협상력을 이용해 유일하게 저임금 지불 논란에서 빠져나갈 수 있기 때문이다). 또한 무엇이 (희소성으로 인한 자연스러운 가격 변동이 아닌) 바가지요금인지, 바가지요금이 왜 부당한지(판매자가 구매자의 입장이라면 바가지요금을 내고서 해당 제품을 사지 않을 것이기 때문이다) 설명한다. 조금 더 일반적인 관점에서 보면 이 설명은 공정한 가격은 소비자와 판매자의 개별 선호도에 따라 결정된다는 원칙과, 불공정한 가격은 정보 부족과 한쪽으로 치우친 협상력에서 비롯된다는 원칙 사이에서 균형을 이룬다.

다시 원래 질문으로 돌아가자. 앞서 언급한 이론에 따르면, 직접 거래 당사자가 아닌 사람을 착취할 수는 없으므로 해외 노동자에게서 직접 물건을 구매하는 것이 아니라면 그들의 노동력을 착취했다고 볼 수 없다.

하지만 이렇게 쉽게 해결될 문제가 아니다. 어쨌든 해외 노동자가 고용주에게서 노동력을 착취당하는 와중에 그들의 노동력이 들어간 물건을 사면 노동 착취를 위해 돈을 지불한 꼴이 되기 때문이다.* 게다가 잘못된 행동을 하라고 누군가에게 돈을 주는 것 역시 일반적으로 잘못된 행동이다. 즉 내가 공급망의 한쪽 끝에 있고 다른 쪽 끝에 착취가 있다면 옳지 못한 행동을 하는 것이다.

그렇지만 소비자를 향한 비난을 조금 덜어 줄 수 있는 두 가지 상황적인 특징이 있다. 하나는 소비자들은 심리학자들이 '제한된 합리성'이라 말하는 상태에서 의사 결정을 한다는 점이다. 언제든지 더 나은 선택을 할 수 있지만, 그러려면 때론 다른 중요한 일 대신 그 일에 시간과 두뇌를 사용해야 한다. 10개 브랜드에서 나온 샴푸를 판매하는데, 그 중 하나만 착취 문제가 없는 상품이라고 하자. 하지만 어느 브랜드 제품인지 알아보려면 몇 시간에 걸쳐 조사해야 할 것이다. 착취 문제가 있는 제품을 소비하지 않기 위해 이 정도의 시간과 두뇌를 사용해야 한다면, 최선의 선택을 하지 않았다는 비난은 합당하지 않다고 본다. (하지만 이 점을 지나치게 강조하기 쉽다. "내가 무슨 수로 악덕 기업의 비리 행위를 알 수 있겠는가?")

나머지 하나는 소비재를 선택할 때 유의미한 대체재가 없을 수 있다는 점이다. 채소를 섭취해야 하는데, 살 수 있는 (혹은 시간과 돈을 헛되게

---

* 다른 관점에서 보면, 노동 착취를 위해 돈을 지불하는 게 아니다. 사람들은 노동력을 사용한 대가가 아닌 제조업체가 만든 물건을 교환하는 대가로 돈을 지불하는 것이기 때문이다. 그런데 이를 구분 짓는 것이 그렇게 중요한 문제일까? 철학과 법의 전통에 따르면, 우리가 행동으로 의도한 결과와 의도하지는 않았지만 예상되는 결과 사이에는 도덕적으로 중요한 차이가 있다. 이는 '이중 효과 원리'라고 불린다. 문제는 이중 효과 원리가 일반적으로 적용되느냐 아니면 해외 노동자 착취와 같은 특수한 상황에만 해당하느냐다. 그런데 이중 효과 원리는 대체로 남에게 고의로 해를 끼치는 사람들을 변명해 준다고 알고 있으므로, 나는 이 원칙을 진지하게 받아들이지 않는다.

쓰지 않고 살 수 있는) 채소는 전부 저임금으로 착취당한 노동자들이 수확한 것일 수도 있다. 즉 이 문제를 해결할 마땅한 대안이 우리에게는 없지만, 고용주들(혹은 농업계 전체)에게는 있을지 모른다. 일상에서 개인 소비자 행동 윤리를 주제로 토론하는 사람들에게 고용주나 규제 당국, 업계 규범에 대해 논의하는 편이 더 낫지 않겠느냐고 반문할 때 도움이 될 것이다.

(반려 동물로
물고기를
키워도 될까?)

나의 생각 메모

1

2

3

여러분이 제대로 돌본다는 전제 하에, 물고기의 종류에 따라 '괜찮을' 수 있다. 내 생각에 진짜 문제는 따로 있다. 과연 물고기가 평생을 갇혀 지내며 누리는 순수한 쾌락(말장난이 아니다)과, 주인이 물고기를 키우면서 누리는 순수한 쾌락의 합이 물고기가 평생 야생에서 누리는 순수한 쾌락을 넘어서는가이다.

우리가 물고기의 마음을 읽지 못하므로 이 질문이 더 어려울 수밖에 없다. 포유류인 반려 동물이 집에서 잘 지내는지는 금방 알 수 있다. 어쨌든 우리도 같은 포유류이기 때문이다. 하지만 물고기는 우리와 굉장히 다른 생물이다. 물고기가 잘 지내는지 알기 어려운 이유는 그것이 물고기에게 가능한 일인지조차 파악하기 어렵기 때문이다. 따라서 원활한 논의를 위해 물고기도 고통과 쾌락을 느낄 수 있다고 가정하자. 물고기는 생존과 번식을 어렵게 만드는 특정 요소에서 고통을 느끼고 그 반대 요소에서는 쾌락을 느낀다. 그렇다면 정확히 어떤 요소가 고통과 쾌락을 초래하며, 그 수준은 어느 정도일까?

흔한 금붕어('붕어'는 야생에서 사는 종)를 예로 들어 보자. 금붕어는 수조에 갇혀 지내며 특정한 혜택을 누린다. 가장 명확한 것은 포식자, 즉 먹이가 떨어지는 상황을 걱정할 필요가 없다는 사실이다.

한편 반려 금붕어의 삶에는 고통을 불러일으킬 만한 요소도 많다. 금붕어 한 마리가 어항에 홀로 지내면, 산소가 부족해지거나 오물에 쌓여 죽을 수도 있으며, 사회 활동에 필요한 자극을 느끼지 못하거나 어항의 형태로 인해 시각이 망가질 수도 있다. 붕어의 평균 수명에 못 미치는 삶을 살다 죽을 확률이 높을 것이다. 하지만 제대로 보살펴 주면 모든 문제가 해결된다. 충분히 크고 제대로 관리할 수 있는 직사각형 수조(연못이면 더 좋겠지만)에 적어도 두 마리 이상의 금붕어를 기르고 적절히 보살피면, 금붕어는 적어도 붕어의 평균 수명만큼은 살 것이다.

그래도 물고기는 여전히 쾌락을 주는 몇 가지 기본 행동을 하지 못한다. 특히 먹이를 찾거나 (이성 금붕어가 현명하지 못하게 짝짓기를 거부하는 한) 짝짓기를 할 수 없을 것이고 이동할 수도 없다. (관찰 결과, 야생 붕어는 약 80km 이동한다.) 대체로 붕어는 먹이를 쉽게 찾기에 (그냥 먹이를 받아먹는 것보다) 먹이를 찾아 먹는 것이 더 많은 쾌락을 가져다줄지는 확실치 않다. 하지만 짝짓기와 이동의 기회를 놓치는 것은 상당한 잠재적 손실인데, 수조를 때때로 재정비해 단점을 보완할 수도 있다. 그래도 앞서 말한 고통이 안전하게 먹이를 먹는 삶을 압도할 것이다. 아무튼 주어진 먹이를 먹으며 포식자의 위험에서 벗어난 삶보다, 자유롭게 이동하고 짝짓기가 가능한 삶을 선호하는 물고기는 오래 살지 못할 수도 있다. 물고기를 반려 동물로 기르고 싶은 사람들이라면 곁에 오래 두고 싶어 하는 것은 당연할 텐데 말이다.

◆ 하지만 반려 동물을 기르는 것은 노예를 부리는 것이나 다름
없지 않은가?

반려 동물을 기르는 것은 노예 제도와 비슷한 면이 있다. 동물을 자유롭게 움직일 수 없게 하고 원하는 삶의 형태를 스스로 결정할 수 없게 할 뿐더러, 그들이 제공하는 서비스의 대가도 지불하지 않는다. 그런데 인간을 노예로 부리는 일이 왜 잘못된 행동인지 설명하는 방법은 많지만, 동물까지 포괄하는 설명은 드물다. 동물에게 노동의 대가를 지불하는 것은 논점에서 벗어난 이야기다. 동물을 위한 결정을 많이 내릴수록 고통은 눈에 띄게 줄어든다. 인간은 동물이 할 수 없는 방식으로 자신의 삶을 계획하는 일에 관심이 많으며 얼마든지 그렇게 할 수 있다. 하지만 반려 동물이 반려 동물의 삶에서 벗어난다 해도 보통 더 나은 삶을 살 확률은 낮다.

따라서 균형 잡힌 시각으로 보면, 충분한 보살핌을 받은 금붕어는 호수나 강에 사는 다른 붕어보다 세상에 더 큰 기쁨을 선사할 것이다. 물고기를 키우고 싶으면 최선을 다해 키워 보라. 그런데 잘 알다시피 세상에는 강아지라는 존재도 있지 않나.

(전문가를
언제 신뢰해야
하는 걸까?)

나의 생각 메모

1

2

3

수업 시간에 이런 질문이 나오면 나는 선생님, 언론인, 의사, 과학자 등 결코 믿어서는 안 될 사람(보통은 여러 명이다)들을 들먹이며 대답한다. 어떤 사실을 말하는 전문가가 있으면 그 반대 사실을 말하는 이도 있다. 그들은 사람들이 의심 없이 자신의 의견에 따르기를 바랄 뿐이다. 그들에게는 후원자도 있다. 전문가를 믿는 것은 멍청하거나 순진무구하다는 증거이며, 적어도 스스로 생각하는 힘이 없거나 그럴 생각도 없다는 말이라고 해석하는 경우도 있다.

　뜬구름 잡는 소리처럼 들리겠지만, 사람들은 전문가의 실체에 도통 신경 쓰지 않는 듯하다. 내가 초등학교 3학년 때 수학 시간에 긴 나눗셈을 가르쳤던 로즌블룸 선생님은 없는 이야기를 지어내지는 않았다. 우리는 날씨나 지역 교통 상황에 대해 알고 싶으면 뉴스(또는 구글이 신뢰할 수 있다고 판단한 모든 정보)를 본다. 지구가 태양 주위를 도는 것이지 그 반대가 아니라는 결론을 증명할 수 있는 사람은 별로 없지만, 그게 사실이란 것쯤은 잘 알고 있다. 이를 알려주는 전문가의 말을 믿지 않는다고 해서 정보 생태계를 유별나게 비판한다고 볼 수는 없을 것이다. 그런 생각은 편집증이나 다름없다.

하지만 위의 말에도 일리는 있다. 전문가의 말만 믿어서는 안 되는데, 전문가라고 주장하거나 그에 버금가는 명성이나 자격이 있는 사람들의 말은 적어도 걸러야 한다. 코페르니쿠스Copernicus 이전 시대에는 (유럽의) 학계가 만장일치로 지구가 우주의 중심이라고 입을 모았다. 때로는 이목을 끌기 위해, 때로는 구조적인 문제로 언론은 항상 잘못된 정보를 전한다. 일부 기본 가정에 동의하지 않는 사람들을 깎아내림으로써 학문이 맥을 유지하는 것처럼 일부 과학은 잘못된 것으로 판명날 수 있다. 물론 전문가들끼리도 의견이 일치하지 않을 때가 있다.

이런 여러 가지 문제에 대해 사고하려면 우리가 애초에 다른 사람의 말을 믿는 이유부터 살펴봐야 한다. 일부 철학자들은 (특별히 모순되는 증거가 없다면) 다른 사람이 무언가를 알려준다는 사실 자체가 그 말을 믿는 근거라고 주장한다. 그럴 수도 있지만, 그렇게까지 생각할 필요는 없다. 동료 한 명이 보고서를 완성하라는 업무를 받았다고 말하는 상황을 가정해 보자. 왜 그 사람의 말을 믿어야 할까? 여기에는 몇 가지 이유가 있다.

- 일반적으로 사람들은 직장에서 하라고 지시받은 일과 그렇지 않은 일에 대해 잘 파악한다. 특히 자신이 아는 것을 크게 이야기할 수 있을 정도로 자신감 넘친다면 더욱 그렇다. 따라서 동료는 아마도 자신이 말하는 이야기에 대해 잘 알고 있을 것이다.
- 동료가 거짓말할 이유를 떠올리기는 힘들어도 거짓말하지 않을 이유는 많다. 만약 동료가 거짓말을 했다면 여러분은 책임을 물을

것이고, 동료와의 관계가 삐걱거릴 수 있다. 대다수는 이런 위험을 감수하려 들지 않는다.

· 우리는 종종 말하는 내용보다는 말하는 방식을 보고 누군가가 거짓말한다는 사실을 알아차린다. 여러분의 거짓말 탐지기가 제대로 작동하고 있다는 좋은 신호다.

· 여러분이 거짓말을 탐지할 수 없다고 해도 동료가 사이코패스는 아닐 것이다. 특히 마땅한 이유 없이 이런 일을 두고 거짓말한다면 대다수는 죄책감을 느낀다.

· 게다가 동료가 과거에 다른 말들을 했을 때 사실 여부를 확인할 수 있었을 것이다. 그때 그들 말이 맞았다면, 지금도 맞을 것이다.

위와 다른 방식, 즉 유튜브 댓글 창에서 낯선 사람과 의견을 주고받는 일처럼 말에 관한 또 다른 상황을 떠올릴 수 있다. 중요한 것은 화자를 이전만큼 신뢰하지 않는다는 사실이다. 하지만 서로의 존재가 신뢰에 영향을 미치는 소중한 관계라는 전제하에 적어도 평범하거나 입증 가능한 문제를 이야기한다면, 일반적으로 상대의 말이 옳다고 확신하게 된다. (스스로를 직접 관찰한 결과, 내가 얼마나 아는 것이 없는지를 깨닫는 것도 괜찮은 일이다.)

하지만 이는 대화에서나 적용할 수 있는 평범한 신뢰에 불과하다. 전문가를 향한 신뢰는 이를 뛰어넘는다. 우리는 전문가의 말을 유독 깊이 신뢰해서, 토론회까지 열어 주면서 전문가들이 의견을 표현하도록 한다. 의회 예산처나 인구 조사국같이 제도를 통해 정치적 의사 결정을 할 때 전문가의 의견을 특히 중시한다. 이런 식의 신뢰를 정당화하려면, 우리가 직장에서 대화할 때 지나가는 말을 믿어야 하는 이유보다 더 많은 근거가 필요할 것이다.

하지만 전문가의 말을 신뢰해야만 하는 특별한 이유가 있을 때도 있다. 전문가의 말을 믿어야 할지 말아야 할지 문제는 다음 사항을 포함하느냐에 따라 달라진다.

· **자격**: 전문가라면 화려한 직업이나 학위, 강연 경력 등 특정 자격을 갖췄을 것이다. 비전문가가 적합한 자격과 쓸데없는 자격을 구분하기란 쉽지 않지만, 전문가들 사이에서 널리 인정받는 것인지를 따져 보자.

· **사실 확인, 바로잡기, 책임 문제**: 전문가들은 특정 감수자나 제삼자에게 엄격하게 사실을 검증받거나, 잘못된 주장을 바로잡으면 엄청난 혜택을 받는 분야에서 일할 수 있다. 반면 사실 검증이나 바로잡기를 잘못하면 평판이나 직업적 지위가 손상될 수 있다. 결과를 잘못 예측하는 바람에 아무도 더는 불러 주지 않는 정치 전문가와, 앞선 실험을 성공시키려 실수를 바로잡는 과정을 계속 공개하는 과학계를 비교해 보라.

· **의견 일치**: 전문가들은 가끔 의견이 모두 일치하기도 하고 학계별로 합의된 사항을 문서로 공유하기도 한다. 하지만 전문가들조차 합의 보지 못할 때는 숫자의 힘이 작용할 수 있다. 한 전문가가 해당 분야의 전문가 대다수를 대표해 발언한다면, 이

다수의 의견이 적어도 집단 순응 사고(집단의 가치관이나 논리에 순응하는 사고 태도§)나 반향실 효과(비슷한 의견으로 둘러싸여 편견에 빠지는 현상⁋) 등의 결과가 아니라면 믿어도 된다.

· **지원금**: 전문가들은 대학이나 정부 보조금 외에도 문제의 사실 여부에 따라 경제적 이익이 결정되는 사기업의 지원금을 받기도 한다. 한편 사실 여부보다는 사리사욕이나 이익을 더 중시하는 사람들과 조직의 지원금을 받기도 한다. 제약업계가 후원하는 정신 의학회, 악덕한 억만장자들의 후원을 받는 자유주의 싱크탱크, 근본주의 종교 단체들이 후원하는 교육 프로그램, 다이어트 식품을 판매하는 영양사들, 검찰로부터 돈을 받고 증언하는 전문가들, 제조자들로부터 신약의 효능에 대한 정보를 얻는 현직 의사들을 떠올려 보라. 이는 정도의 문제이지 그 자체로 나쁜 건 아니다. 하지만 일부 후원금의 출처는 분명히 발언자의 신뢰도를 떨어뜨린다.

지금껏 말한 전문가를 신뢰해야 할 이유 중 어느 것도 완벽하게 옳지는 않다. 게다가 추가 조사를 하지 않고서는 이런 요소를 갖추었는지 알 방법이 없다. 하지만 이는 철학 문제가 아니라, 우리 시대에 정보가 실제로 어떻게 퍼져 나가는가에 관한 문제다.

(아이들을
좋은 어른으로 키우는 방법은
무엇일까?   )

1

2

3

아이의 학교와 또래 집단, 유전자, 주류 문화는 아이의 행동을 바로 잡는 데 있어서 부모가 해야 할 역할을 꽤 엄격하게 제한한다. 하지만 부모는 당연히 아이의 미래에 어느 정도 영향을 미친다. 다음 몇 가지 방법은 경험적으로 충분히 증명된 것으로, 아이를 좋은 어른으로 키우는 데 도움이 된다.

- 아이에게 존경하고 공감할 수 있는 역할 모델을 제시하자. 아이들은 (특히 아이들과 나이 차가 얼마 나지 않는 사람 중에서) 도덕적으로 뛰어난 행동을 한 사람들, 옳을 일을 실천하기 위해 각종 장애물이나 지배 질서를 극복한 사람들의 이야기에 동기부여가 된다. 부도덕한 세상에서 정의로운 사람들은 주로 반항아들이다. 모두가 반항아를 사랑한다.
- 추상적인 원칙을 구체화하고 정서적 흥미를 느끼게 만들자. "양심적으로 행동해라." 또는 "사람들에게 친절해라." 같은 말은 좋은 조언이지만 정서적으로 영향을 끼치지는 않는다. 사람은 영향을 받아야 행동할 마음이 생기며, 장황한 설명보다는

상세하고 생생한 사례에 대체로 더 마음이 끌린다.

• 도덕적 행동을 쉽게 이끌어 내자. 최대한 선행에 대한 물질적
  인 보상을 주지 않고 아이들을 올바른 방향으로 '넛지'하라. 잘
  못된 선택을 (못하게 하기보다는) 하도록 두고 좋은 선택을 긍
  정적으로 표현하며 옳은 선택을 판단하는 일이 골치 아프고
  짜증 나는 상황이 되지 않게 하자. 물질적인 보상을 줘야 할 때
  도 있는데, 이는 위험한 방법이다. 아이가 외적인 요소에 동기
  부여가 될수록 도덕 습관은 약해진다.

• 주변 사람들도 따를 만한 규칙을 만들자. 어떤 행동이 규칙에
  어긋난다고 말해 놓고 누군가는 규칙에 어긋난 행동을 대놓고
  한다면, 규칙을 반드시 지키지 않아도 된다고 생각하기 쉽다.

여기에 다른 제안을 덧붙이려 한다. 이론적으로 혹은 체계적이고 경
험적으로 증명된 방법은 아니지만, 그래도 중요한 부분이다.

• 도덕적인 행동을 숫자로 표현하도록 하자. 사람들은 도덕 문제
  를 논할 때 정량적 정보를 해석하는 것을 굉장히 어려워한다.
  하지만 정량적으로 사고하는 능력 없이는 필요한 곳에 도덕적
  관심을 유지할 수 없다. 이 문제를 해결하는 데 있어서 아이들
  을 도울 수 있는 최고의 방법이 무엇인지는 모르지만, 연습할
  기회를 준다고 해서 큰일이 일어나지는 않는다. 아이가 자선
  단체에 기부하고 싶어 하면, 그 이유를 숫자로 표현하라고 말

해 보자.* 아이가 본인이 선택한 사회 문제를 연구하는 프로젝트를 맡는다면, 그것이 다른 사람이 선택한 문제보다 더 중요한 이유를 숫자로 표현하라고 말해 보자. 아이가 집안의 노동이나 자원의 분배가 불공정하다고 생각한다면, 그 불공정함을 숫자로 나타낼 수 있는지 물어보자.

우리는 보통 도덕 교육이라 하면, 예의범절이나 존중같이 당면한 환경에서 사람들과 잘 지내는 좋은 습관을 길러 주는 데에 초점을 맞추는 경향이 있다. 물론 대화할 때 서로 예의를 지키며 존중하는 태도는 다른 대안보다 더 좋은 방법이지만, 오늘날 세계적으로 가장 큰 문제를 해결하는 데에는 그다지 영향력을 발휘하지 못한다. 그런 취지에서 나는 다음과 같이 하는 것도 중요하다고 생각한다.

• 아이들이 집단행동에 참여할 수 있도록 하자. 정치 부패, 기후변화, 빈곤과 경제적 불평등, 축산업의 참상 등은 각자 일만 잘 해서는 해결되지 않는다. 이런 문제들은 대개 조직 활동, 로비, 규제, 보이콧, 파업과 더불어 기존 질서를 바꾸려는 움직임으로 해결할 수 있다. 모두 윤리 문제에 속하기 때문에 우리의 집단 도덕 의무가 해결책이 된다. 물론 아이들은 대체로 의미 있는 형태의 집단

---

* 아이들이 자선 단체에 기부하고 싶은 마음을 방해하지 않는 선에서 이렇게 할 방법을 찾기란 쉽지 않을 것이다. 우선 기부하고 싶은 마음 자체를 칭찬하고, 그 마음이 단단히 자리 잡으면 더 유용한 방향으로 이끌어 가자.

행동에 온전히 참여하기 어렵고, 가능하다 해도 어른들이 아이들을 진지하게 받아들이지 않을 것이다. 하지만 아이들에게 학생 자치회부터 공원 청소 혹은 주민 참여 예산 활동까지 어느 정도 기회를 만들어 줄 수는 있다. 어떤 식으로 중재해야 아이도 어른처럼 중요한 형태의 집단행동에 더 많이 참여할 수 있는지는 모르지만, 집단행동의 힘을 먼저 알게 하는 것도 올바른 방향으로 인도하는 한 가지 방법이다.

(성차별적인
단어란
어떤 것일까?)

나의 생각 메모

1

2

3

이 질문에 대한 꽤 괜찮은 대답이 있다. 일반적으로 쓰임새가 성차별주의, 즉 성이나 젠더를 무기 삼아 부당한 차별이나 억압을 부추길 때 그 단어를 성차별적이라 말할 수 있다. 성차별적이라 할 수 있는 단어의 한 유형을 철학자들은 '평가적인 두터운 용어thick evaluative term'라 부른다. '옳은', '해야 하는' 같은 얇은 용어thin terms는 거의 모든 것을 평가하는 데 사용된다. 이 단어들은 '무엇을' 평가하는지 정확하게 전달하지 않는다. 한편 '용감한', '탐욕스러운'과 같은 두터운 용어는 다르다. 누군가가 용감하다는 말에는 그에 대한 칭찬뿐 아니라 칭찬하는 이유(위험에 맞서서 행동하는 능력)도 담겨 있다. 일부 두터운 용어는 한쪽 성별만을 지칭하는 데 쓰여서 성별의 특성을 반영한다. 하지만 어떤 용어가 성별의 특성을 반영한다고 해서 꼭 성차별적이라고 할 수는 없다. 예를 들어 정말로 남성이 여성보다 상대를 배려하지 않고 거들먹거리며 무언가를 설명하는 경향이 있어서 '맨스플레인mansplain'이라는 단어가 생겨나고 이 사실이 주목받는다면, 여기에 부당한 차별이 담겨 있다고 볼 수 없다. 하지만 두터운 용어에 반영된 성별 특성에 정당한 사유가 없으면 그 말은 성차별적이다. '난잡한 사람slut'이 바로 그런 예인데, 이 말은 대체로 여성들에게만 쓰인다. 그보다는 같은 뜻으로 남성을 지칭하는 단어가 없다는 사실이 중요한데, 남성이 성적으로 문란하지 않아서가 아니라 성적으로 문란하다고 비난받지 않기 때문이다. 즉 이 단어를 쓰면서 성적 문란함을 이유로 여성에 대한 부당한 차별을 부추기는 셈이다. '동성애자를 표현하는 속어fairy', '바가지 긁는 사람nag', '옷차림이 촌스럽고 볼품 없는 사람dowdy', '단정치 못한 사람cow' 등 비슷한 양상으로 성차별을 조장하는 두터운 용어가 무수히 많다.

이 질문에 대한 더 좋은 대답이 있다. 일반적으로 어떤 단어의 쓰임새가 성차별주의를 부추기거나 단어를 표현하는 태도가 성차별적이라면, 다시 말해 성차별적인 행동에 호의적인 태도를 보인다면 그 단어는 성차별적이다. 나는 후자의 경우를 단정 짓고 싶지는 않다. 어떤 단어는 사용했을 때 효과가 너무 분산되거나 모호해 콕 집어 말하기 어려울 때가 있기 때문이다. 하지만 성차별적인 단어를 쓰는 행동은 곧 인성을 나타내므로 우리는 그런 단어를 쓰는 사람들에게 책임을 묻고 싶어 한다. 예를 들어 여성 혐오자들이 자기들끼리 만든 매체나 사적인 대화에서 본인들만 사용하는 여성 혐오 표현이 있다고 하자. 독자가 제한되는 탓에 이 혐오 표현 자체가 크게 해를 끼친다고 보기는 어렵다. 하지만 친구가 사적인 대화에서 이 표현을 썼다고 가정하자. 그말 자체가 무해하다 해도 나는 친구에게 해명을 요구할 권리가 있다.

하지만 이 질문은 단어에 관해 묻고 있다. 단어는 상당히 추상적이다. 어떤 단어가 성차별적인지 따지려면 그 단어가 쓰이는 모든 상황을 일반화해야 하는데, 우리가 관찰할 수 없는 상황이 대부분이다. 따라서 특정 발언이나 언행이 성차별적인지를 따지는 게 훨씬 수월하다. '나쁜 년bitch'을 예로 들면, 무척 다양한 의미로 쓰이는 탓에 단어 자체를 성차별적이라고 말하는 것은 굉장히 쓸모없는 짓이다. 하지만 단어가 쓰인 맥락을 살펴보면 확실히 알 수 있다. 리조Lizzo(미국의 가수이자 래퍼§)의 "난 완전 나쁜 년이야."라는 가사는 성차별적인 태도를 표현하지도, 성차별적인 행동을 조장하지도 않는다. 그런데 내가 한 여성에게 데이트를 신청했다가 거절당했다고 가정하자. 이때 내가 그녀를 '나쁜 년'이라고 부르면 그건 성차별적이다. '부인Mrs.'이라는 호칭도 마찬가지다. 어떤 사람을 누구누구 부인이라고 부르는 것은 대체로 전혀 문제 되지 않는다. 오히려 그렇게 불리고 싶은 사람이 있을지도 모른다. 그런데 내가 입사지원서에 '미즈Ms.(결혼 여부와 상관없이 여성에게 쓰는 호칭§)', '미세스Mrs.', '미스터Mr.' 중 하나를 표시해야 한다면, (남성은 제외하고) 여성에게 잠재적으로 해가 될 수 있는 정보인 결혼 여부를 공개하라고 강요하는 것이나 다름없다. 성차별적인지 의심스럽거나 그 경계에 있다고 여길 수 있는 단어들은 대개 용례를 자세히 살펴보면 의미가 명확해진다. 프로로서 요령을 하나 알려 주겠다. "어떤 단어나 표현의 의미에 대한 질문에 말문이 막힌다면, 실제로 사람들이 그 단어나 표현을 쓸 때 보이는 행동으로 주제를 바꿔 보자."

(우리의 행동이 어떤 변화도
만들지 못한다면
어떻게 해야 할까? **)**

1

2

3

이 질문을 한 사람은 기후 변화 같은 문제를 말했을 테지만, 이는 그보다 훨씬 더 큰 문제다. 중요한 선거, 쓰레기 투기, 납세, 좀도둑질, 미묘한 차별, 상대적으로 비싼 아파트로 이사하기, 기부금 부족, 가축을 공유지에 방목하기, 낚시 문제 등의 도덕적 혹은 정치적 문제는 대개 개인의 행동 여부가 그리 중요하지 않다. 더 정확하게 말하면, 개인의 행동으로 말미암아 크게 바뀌지 않는다. 많은 사람이 단체로 행동해야 큰 변화를 만들 수 있다. 여러분이 쓰레기를 아무데나 버리거나 가게에서 사탕을 훔치거나 세금을 안 낸다고 해서 세상이 멈추지는 않는다. 그런데 모두가 쓰레기를 마구 버리고 도둑질하고 세금을 안 내면 거리는 쓰레기로 가득 차고 상점은 문을 닫고 정부는 붕괴할 것이다.

철학자들은 이를 집단행동 문제라 부른다. 그렇다면 다음과 같은 문제를 제기할 수 있다. 특정한 행동을 취하는 게 아주 효과적이기는 하나 한 사람의 행동이 두드러진 차이를 만들지 않는다면, 어떻게 해야 사람들이 집단행동에 동참할 것인가?

먼저 법이나 제도의 힘을 빌리는 방법이 있다. 우리는 별것 아닌 물건을 훔쳐도 큰 벌금을 물리고, 낚시를 할 수 있는 사람과 계절, 포획한 물고기를 가져가도 되는 시기 등을 규제하며, 직장 내 특정 형태의 차별 행위에 무관용 정책을 펴기도 한다. 언제든 다수의 행동에 변화를 끌어낼 수 있는 제도는 (부분적으로라도) 집단행동 문제의 잠재적 해결책이 된다.

하지만 이런 식의 해결책에는 한계가 있다. 우선 느릿느릿하고 어설픈 제도에 우리 삶의 일부를 맡기고 싶지 않을 때가 있다. 경찰에게 차별 행위에 대한 딱지를 떼게 할 수도 있지만, 그리하지 않는 게 더 낫다. 두 번째로 어떤 환경에서는 법적 장치가 충분히 넓은 범위에서 강제력을 지닐 때만 효과가 있다. 만약 우리 동네가 1년 중 특정 시기에 낚시를 금지해도 강 상류의 옆 동네는 그렇게 하지 않는다면, 낚시꾼들은 낚시하러 죄다 몰려갈 것이다. 한 제조업자가 이익을 위해 환경오염도 마다하지 않는 관행을 깬 뒤 이를 홍보해 사업을 이어 나갈 수도 있지만, 망할 수도 있다. 이는 기후 변화로 인해 발생하는 특수한 문제 중 하나다. 전 세계가 기후 변화라는 지구의 위기를 막기 위한 법적 규제를 시행해야 한다면 이를 효과적으로 집행할 수 있는 세계 정부가 필요할 것이다. 문제는 우리에게 그런 정부가 없다는 것이다. 마지막으로 아무리 미국과 중국이 단독으로 기후 변화 방지법을 통과시킨다 해도 실제로는 그렇게 하고 싶지 않을 수 있다. *이 녹아내리는 행성에서 부자들은 엄청난 돈을 벌어들이는 데다 (사실인지 아닌지는 모르겠지만)

---

* 나는 기후 변화를 법적으로 규제하는 방법이 아무 소용없다고 말하려는 게 아님을 확실히 밝힌다. 다만 극복해야 할 장애물이 만만치 않다.

공정성을 위해 수익성 좋은 사업을 일방적으로 포기하는 행위를 바보 짓이라 생각하기 때문이다.

법적 혹은 제도적 장치가 효과 없다면 도덕적 해결 방법을 고려해 볼 수 있다. 우리는 쓰레기를 버리면 안 된다는 도덕규범 덕분에 쓰레기를 버리지 않으려 한다. 학교에서도 아이들에게 쓰레기를 버리지 말라고 가르친다. 거리의 쓰레기를 치울 목적으로 '리터버그(길거리에 쓰레기를 함부로 버리는 사람)'라는 신조어도 만들었다. 깨끗한 삶을 기준으로 삼으며, 쓰레기를 버리지 않는 것은 이웃과 잘 지내기 위해 지켜야 하는 도덕규범 중 하나로 여긴다. 이렇듯 사람들은 쓰레기 투기가 잘못된 행동이라는 도덕적 판단을 내재화하거나 다른 사람들의 시선이 두려워 쓰레기를 버리지 않는다.

다시 말하지만 이 방법에도 한계가 있다. 우선 도덕 기준은 바꾸기 힘들다. 예를 들어 공장식 축산으로 생산된 고기 섭취를 반대하는 주장의 논거는 압도적으로 설득력이 높다. 여러분이 공장식 축산의 민낯(동물의 처우, 축산업이 환경에 미치는 영향, 오물 처리용 유수지와 농장에서 재배되는 항생제 내성 박테리아가 공중 보건에 미치는 위험성, 주 정부와 연방 정부를 상대로 로비하는 축산업계의 부패한 영향력, 업계 노동자들의 처우 등)을 조금이라도 알면, 자기기만이 아니고서야 끔찍한 일로 여기지 않을 수 없다. 하지만 사람들은 고기를 즐겨 먹으며, 이웃들도 고기를 즐겨 먹는다. 끔찍한 실수가 이렇게 지속된다. 두 번째로 도덕규범은 개인의 행동에 동기를 부여하기에는 한계가 있다. 사회 심리학자 밀그램Milgram의 유명한 권위에 대한 복종 실험(실험복을 입은 사람이 시키면 사람들은 악행도 기꺼이 저지를 수 있다는 사실을 보여준다.)이나 달리Darley와 뱃슨 Batson의 착한 사마리아인 연구(극심한 고통에 시달리는 누군가를 도울 것인 지의 문제는 사람들에게 사소한 약속에 늦을 것인가의 문제에 지나지 않는다는 것을 보여준다.)를 봐도 그렇다. 우리가 그동안 겪은 수많은 경험에 비춰 봐도, 사람들은 옳다고 믿더라도 항상 행동으로 옮기지는 않는다. 세 번째로는 경제와 관련된 집단행동 문제라면 적어도 과거에는 소비자 개인의 행동에 도덕적 책임을 전가하는 경향이 컸다. 무엇을 먹고 어 떻게 집을 따뜻하게 하며 얼마나 여행하고 언제 재사용 장바구니와 금 속 빨대를 들고 가야 하는지 등을 따지는 것은 모두 각자의 몫인 셈이 다. 물론 그리할 수 있다면 다행이다. 하지만 개인의 선택에 의존하는 것은 기업 윤리(애초에 기업들은 이런 쓰레기들을 왜 파는 것인가?)로 보나, 경제 구조의 대대적인 변화로 소비자의 선택 범위를 완전히 바꾸어야 한다는 시각으로 보나 별 도움이 되지 않는다.

어쩌면 모든 이야기가 명백한 하나의 결론을 말하고 있는지도 모른 다. 그렇다면 이토록 똑똑한 사람들이 많은데, 왜 그걸 파악하지 못하 는지 생각해 봐야 한다.

부스에 방문한 사람들은 대체로 질문하지 않거나 별로 대화하고 싶어 하지 않는다. 그저 속 시원하게 털어놓고 싶은 이야기나 이론을 말할 뿐이다. 이는 전혀 문제가 되지 않는다. 이 부스가 다른 곳에서는 할 수 없는 방식으로 자신을 표현하는 공간이 된다면 그것만으로도 만족한다. 게다가 독백으로 시작한 말이 진짜 대화로 발전할 때도 있다. 한 여성은 기후 변화로 인해 더 이기적으로 바뀌었다고 여러 차례 털어놓았다. 그녀는 기후 변화를 해결하기 위해 혼자서 할 수 있는 일이 없으니 노력해 봐야 아무 의미가 없다고 했다. 그저 삶에 집중하는 편이 더 낫다고 말이다. 지나가던 여성이 그녀의 말을 들었는지 발걸음을 멈추고 반론을 제기했다. 당신의 행동만으로는 아무것도 바뀌지 않을지도 모르나, 우리가 함께하면 기후 변화를 막을 수 있다고. 우리는 무임승차 문제와 집단행동에 대해 열띤 토론을 벌였다. 여성은 자리를 뜨면서 사탕 그릇에서 막대 사탕 하나를 집어 들었다.

"이 정도는 먹어도 된다고 생각해요."

나는 대답했다.

"물론이죠. 우리에게 25센트 정도의 철학을 주었으니까요."

그녀는 물러서지 않고 말했다.

"음, 한 2센트밖에 안 준 것 같은데."

(꼭
현재를
살아야 할까?)

1

2

3

'현재를 산다'는 것은 다양한 의미로 해석되는데, 그중 하나는 유명한 마시멜로 실험에서 알 수 있다. 아이에게 마시멜로 하나를 주고 몇 분을 더 기다리면 한 개를 더 주겠다고 한 다음, 아이의 행동을 지켜본다. 여기서 '현재를 산다'는 것은, 미래의 더 큰 보상보다 작더라도 현재의 보상을 선호하는 행동을 뜻한다. 사람들은 대부분 현재를 사는 아이, 마시멜로 하나를 선택한 아이는 장래가 어두울 것이라 말한다. 인내심 없고 멀리 보지 못하며 의지가 나약하다고 보기 때문이다.

마시멜로 실험 자체에 반대하지는 않지만, 이건 일종의 극단적인 사례다. 미래의 큰 보상보다 현재의 작은 보상을 누리는 게 합리적일 때도 있지 않을까? *이처럼 현재 혹은 가까운 미래의 보상을 아주 먼 미

---

* 우리는 시간 할인에 반대하는 사람들조차 조건부로 이를 받아들일 것이라는 사실에 주목해야 한다. 한 가지 조건은 확실성과 관련 있다. 여러분이 두 가지 선택, 즉 하나는 100% 확실하게 현재의 보상으로 이어지고 다른 하나는 두 배로 좋기는 하나 40% 정도만 미래의 보상으로 이어진다면 일반적으로 첫 번째 선택지를 고르는 게 합리적이라고 생각할 것이다. 다른 조건은 보상 그 자체와 관련 있다. 맛있는 마시멜로 먹기와 같은 보상은 순간적으로 즐길 수 있다. 예쁜 새집을 사는 것과 같은 보상은 오래 갖고 있을수록 더 많이 즐길 수 있다. 시간 할인이 합리적인가 하는 질문은 불확실성의 조정 여부와 보상의 즉시성을 따졌을 때 합리적인지를 묻는 것이다.

래의 큰 보상보다 선호하는 현상을 철학자들과 경제학자들은 '시간 할인'이라 부른다. 사람들은 실제로 미래를 할인해서 쓴다. 할인율을 저마다 다르지만 말이다. 여기서 그렇게 하는 게 과연 합리적인가 하는 철학적 문제 제기를 할 수 있다.

나는 내가 합리적이라고 생각하는 편이다. 램프의 요정 지니가 와서 다음과 같은 선택지를 제시한다고 가정하자. 오늘 마시멜로 하나를 먹을 수도 있지만, 20년을 기다리면 평생 마시멜로를 먹을 수 있다. 지니는 내가 20년 뒤에도 살아 있을 테고 그때도 지금처럼 마시멜로를 좋아할 것이며, 중독되지 않을 의지력도 있고 마시멜로를 충분히 즐길 수 있을 만큼 오래 산다고도 일러준다. 언뜻 보면, 고민할 필요도 없다. 평생 마시멜로를 먹는 것은 포기할 수 없을 만큼 좋은 선택이기 때문이다. 하지만 지니는 함정이 한 가지 있다고 말한다. 20년 후 멍청이가 된다는 것이다. 가장 아끼는 사람들과 내 일을 모두 저버리고, 온종일 인터넷에 접속해 일면식도 없는 이들과 마블 코믹스 유니버스에 대해 열띤 논쟁을 벌인다는 것이다.

이 상황에서 내가 정확히 어떤 선택을 할지 말하기 어렵지만, 이렇게 말할 것이라고 짐작할 수는 있다. "오, 나는 미래에 멍청이가 되는 군. 모두가 잘 살길 바라는 순수한 마음으로 미래의 내게 행운을 빌어야지. 하지만 미래의 나를 위해 지금 내 마시멜로를 포기하지는 않을 거야. 잘못된 결정을 내린 그에게 절대 달콤한 보상을 주고 싶지 않으니까."

위 이야기는 실제로 많은 사람이 마주하는 상황을 과장한 것뿐이다.

우리는 젊은 날의 내가 못마땅해 하는 방향으로 바뀌곤 한다. 이런 변화는 매일매일 감지하기 어려운데 그게 변화가 일어나는 방식이기도 하다. 나라는 사람의 이익에 어떻게 변할지 모르는 미래의 나의 장기적인 이익뿐 아니라 현재 나의 이익도 포함된다면, 시간 할인은 내가 가장 원하는 것을 반영할 수도 있다.

한편 시간 할인이 우리의 선호와 시간에 민감한 감정 사이의 관계와 관련 있다는 주장도 있다. 우리의 감정 중 일부는 특정 방식으로 시간에 예민한데, 미래의 닥칠 일들만 두려워하고* 과거에 지나간 일들만 후회한다. 이처럼 우리의 선호와 감정은 특정하기 어려운 방식으로 묶여 있다. 하지만 (예를 들어) 두려움이 미래를 향한 감정이어서 선호도가 낮을 수밖에 없다면, 우리가 과거나 현재의 일보다 미래의 일을 선호하지 않는 것은 어쩌면 당연하다.

시간 할인은 쉽게 해결할 수 있는 문제가 아니다. 시간 할인에 반대하는 의미 있는 주장도 많은데, 시간 할인이 우리의 선호도 일부를 임의로 조정한다거나 손해 볼 수밖에 없는 도박을 영리하게 부추긴다는 측면 때문이다. 이런 주장에 대해서는 여러분 스스로 생각해 보는 것이 좋을 듯하다.

---

* 이를 반증하는 사례도 있다. 생명을 앗아갈 정도로 위험했던 외과 수술이 잘 끝났다는 것을 알고도 여전히 결과가 좋지 않을까 봐 두려울 수도 있다. 하지만 이는 예외 경우일 뿐이다.

Part III

상상할 수 없었던
질문에 대하여

(케첩은
스무디일까?)

나의 생각 메모

1 _____

2 _____

3 _____

내가 이 질문을 좋아하는 이유는 위대한 철학 이론과 많이 닮았기 때문이다. 바로 일상의 친숙하고 평범한 대상(여기서는 스무디를 일컫는다)을 낯설고 혼란스러운 시선으로 바라보는 것이다. 우리가 사용하는 '스무디'라는 말뜻에 케첩 말고 명백히 스무디라 말할 수 있는 경우가 모두 포함된다고 보기는 사실 어렵다. 하지만 애초에 이런 질문을 받지 않았다면 결코 케첩을 스무디의 일종으로 보지는 않았을 것이다.

　내 생각에 답은 문맥에 따라 단어를 사용하는 방식을 결정하는 미묘한 사회적 압력에 있다. '무게'라는 단어를 생각해 보자. 물리 교과서에서는 '무게'를 '중력이 끌어당기는 힘'이라고 정의한다. 그런데 지구 궤도에 있는 우주 비행사들도 중력이 끌어당기는 힘의 영향을 어느 정도 받는데도 우리는 그들이 무중력 상태에 있다고 말한다. 그 이유를 간략하게 설명하면 그들 중 한 명을 저울에 올려놓아도 저울추가 꿈적도 하지 않기 때문이다. 따라서 교과서상의 정의가 유효한 문맥에서는 '무게'를 '중력이 끌어당기는 힘'이라는 뜻으로 쓸 것이다. 하지만 저울을 사용해 무게를 재는 것이 중요한 문맥에서는 '무게'를 '저울이 측정할 수 있는 정도'라는 뜻으로 쓸 것이다.

이 질문은 스무디가 되는 모든 것을 포함하고 스무디가 아닌 모든 것을 제외하는 단 하나의 정의를 찾아내길 바란다. 이렇듯 단일한 정의를 향한 욕구는 우리가 해당 단어를 이상하리만큼 획일적으로 사용하도록 강요한다. 예를 들어 식사 메뉴에 스무디를 쓸 때처럼 사용하지는 않는 것이다. 메뉴의 목적은 무엇인가를 주문할 때 우리가 예상한 음식이 나온다는 사실을 분명하게 전달하는 것이기 때문이다. 따라서 내 대답은 이렇다. 이제 케첩이 스무디가 될 수도 있지만, 이 질문을 하지 않았다면 케첩은 스무디가 되지 않았을 테다. 결론이 어찌 됐든 간에, 케첩을 빨대로 마셨다면 의사의 진료를 받도록 하자.

Epilogue

한 여성이 9살 정도 된 딸아이와 함께 부스를 찾아왔다. 엄마가 "혹시 질문 있니?"하고 묻자, 아이는 잠시 생각에 잠기더니 스무디 질문을 꺼냈다. 우리가 말을 꺼내기도 전에 엄마가 가로막았다. "안 돼. 그건 철학적인 질문이 아니잖아." 하지만 이런 질문이 바로 철학적인 질문이다.

(화성을 정복하면
그 땅은
누구의 것일까?)

나의 생각 메모

1
_____

2
_____

3
_____

하나씩 차근차근 살펴보자. 우선 여기서 소유권은 무슨 의미인가? 아주 간략히 말해 법의 테두리 안에서 어떤 물건을 내 마음대로 할 수 있다면 그것을 소유한 것이며, 누군가 허락 없이 그 물건을 사용할 때 보상을 요구할 수 있다. 따라서 누가 물건을 소유하는가는 쓰임새에 관한 결정권이 누구에게 있는가와 같은 문제다.

우리가 화성 땅을 사용하는 데는 물리적으로나 실질적으로 한계가 있으므로 광물을 캐거나 과학 연구를 하거나 공원 정도로만 활용 가능할 것이다. 여러 가지 제한으로 땅의 주인도 여러 명이 되거나 관리자가 필요할 수도 있다. 하지만 화성이 지구의 땅과 똑같은 방식으로 사용된다고 가정해 보자. 사람들은 화성에서 일하고 놀고 생활한다. 화성 땅에서 유용한 것들을 만들어 내고 열심히 일해 그곳을 정복해 나가는 것이다.

다양한 집단이 화성 땅에 대한 소유권을 주장할 수 있다. 과거 지구의 탐험가들이 그랬듯이 화성 땅을 가장 먼저 차지한 사람들이 소유권을 주장할 수 있다. 화성으로 그들을 보내는 데에 자금을 보탠 정부나 기업도 투자 수익으로 화성 땅을 소유할 자격이 있다고 주장할 수 있다. 실제 화성 땅을 유용한 토지로 만드는 데 일조한 사람들도 거기에서 창출된 가치가 본인들에게 돌아오는 건 당연하다고 주장할 수 있다.

각 주장은 개념적으로나 정치적으로 저마다의 문제에 봉착한다. (개념적인 문제: 가장 처음 화성을 점유한 사람들이 행성 전체를 소유할 것인가, 아니면 그들이 가로질러 간 표면만 소유할 것인가? 화성이 유용한 땅으로 바뀐 건 어떻게 보면 그곳에서 살아온 모든 이들의 노력이 더해진 결과가 아닐까? 정치적인 문제: 부유한 국가의 정부나 기업이 가장 먼저 사람들을 화성으로 이주시킬 것이므로 화성의 식민지화는 경제적 불평등을 심화할 뿐이지 않을까?) 하지만 이 모든 문제에는 이상한 공통점이 하나 있다. 모두 과거를 향하고 있다는 점이다. 앞으로 어떻게 될 것인지를 바탕으로 소유권의 분배를 주장하기보다는 과거 사건에 근거한 권리에 호소하는 것이다. 하지만 과거는 그저 과거일 뿐이다. 나는 미래 지향적으로 생각하고 싶다. 물론 앞서 언급한 사람들의 업적을 놓고 보면 그러한 분배 방식이 타당할 수 있지만, 최고의 결과를 가져다줄 토지 소유 계획을 어떻게 세울지 직접 생각해 볼 수도 있지 않은가?

어떤 토지 소유 계획이 최고의 결과를 가져다줄지 알아보려면 위험성이 큰 방안도 낱낱이 살펴보고 어떻게 하면 더 좋은 결과를 얻을 수 있는지도 생각해 봐야 한다. 그런데 이는 내 권한 밖의 일이다.

하지만 논의를 진전시키는 데 꽤 도움을 줄 수 있는 경험 법칙이 한 가지 있기는 하다. 다른 조건이 동등하다면 사람들은 어떤 결정이 자신들에게 미치는 영향에 비례해서 결정권을 가져야 한다는 것이다. 예를 들어 한 무리의 사람들이 같이 저녁을 먹기로 했다면, 무엇을 먹을지 결정할 때 같이 밥을 먹는 사람들의 의견이 가장 많이 반영될 수밖에 없다. 그 결정에 가장 큰 영향을 받는 것은 그들이기 때문이다.* 물론 우리에게 가장 이익이 되는 것이 무엇인지를 항상 정확하게 판단할 수는 없지만, 광범위한 사람들에게 영향을 미치는 결정이 내려진다면 우리에게도 그 결정의 영향력에 관해 이야기할 충분한 자격이 있다. 일반적으로 자기 이익이 걸린 문제는 스스로 결정하고 모든 결정 과정에서 사람들이 적정한 발언권을 갖는다면, 우리는 그 결정에 가장 많이 영향받는 사람들에게 최선의 결과를 가져다주는 쪽으로 결정을 내리게 될 것이다.

이 경험 법칙을 화성 식민지에 어떻게 적용할 수 있을까? 간단히 말해 토지의 일부를 어떻게 사용할지에 관한 결정은 그 땅에 가까이 있는 사람들에게 더 많은 영향력을 끼친다. 따라서 화성 거주민들에게 각각 일정량의 소유 지분을 나눠 주면 된다. 화성의 표면을 격자로 나눈 다음 화성 이주민이 1년 동안 각 구역에서 얼마나 시간을 보내는지 기록한다. 지분의 절반은 그들이 1년간 방문한 구역 중 각 구역에서 보낸 시간에 비례해 분배한다. 남은 지분은 나머지 구역에서 나누는데, 거리가 멀수록 지분은 감소한다. 하지만 가장 멀리 떨어진 구역에서

---

* 이에 대해 더 자세히 생각해 볼 필요가 있다. 그들이 가는 식당은 가격을 정하고 요리할 음식의 종류에 제한을 둠으로써 식사에 대한 발언권을 갖게 되고, 이는 당연한 일이다. 하지만 손님들은 무엇을 먹을지에 대해 건강하지 못한 결정을 내릴 수도 있는데, 이 결정에 대한 대가는 음식을 만들지 않은 사람들이 의료비라는 형태로 치르게 된다. 건강에 좋지 않은 음식에 세금을 부과하는 방안에 찬성표를 던짐으로써 사회가 작게나마 그 결정에 발언권을 행사할 수도 있다. 식사에 대한 이런 자유 민주주의적 접근법의 가장 큰 약점은 식사를 만드는 과정에 참여할 수 없는 생물들의 이익은 고려하지 않는다는 것이다. 우리가 먹는 동물들의 입장은 어떨까?

적어도 한 개의 지분은 가질 수 있도록 한다. 그러면 소유주의 결정이 자신에게 미치는 영향력에 비례해 모두가 각 구역의 지분을 나눠 가질 수 있다.

아니, 사실은 그렇지 않다. 이는 실제 문제를 지나치게 단순화한 설명이기 때문이다. 그래도 논의를 진전시킨 의의는 있다. 여러분이라면 어떻게 할 것인가?

Epilogue

화성에 관해 질문한 여자아이는 엄마와 함께 부스에 방문했다. 엄마가 우리와 잠시 이야기를 나누는 동안 아이는 뛰었다가 기었다가 쭈그렸다가 물건을 들었다 놨다 하며 잠시도 가만히 있지 않았다. 마침내 엄마가 딸에게 질문이 있냐고 묻자 아이는 질문을 한꺼번에 쏟아냈다. "화성을 식민지로 만들면 어떻게 되나요?" "누가 그 땅을 갖는 건가요?" "화성에 대한 합법적인 토지 소유를 주장하는 다양한 주체들(개인 근로자? 기업체? 정부?) 간 분쟁을 어떻게 해결할 수 있을까요?" "화성의 토지 가격에 영향을 미치는 요소는 무엇일까요?" 이 모든 질문에 어떻게 대답해야 할지 알 수 없었는데, 말도 꺼내기도 전에 아이가 도망가 버렸기 때문이다.

('1+1=2'라는 사실을
어떻게
알 수 있을까?   )

나의 생각 메모

1

2

3

홀륭한 질문이다. 질문자가 우리를 괴롭히거나 귀찮게 하려는 것이거나 성의가 없거나, 아니면 진짜로 '1+1=2'라는 사실을 아는지 떠보려는 듯한 느낌마저 들기 때문이다. 하지만 '1+1=2'라는 사실을 제대로 안다고 해도 여전히 문제가 존재한다. 숫자를 비롯한 수학적 대상은 실험하거나 관찰할 수 없기 때문이다. 적어도 전자와 항성, 일상에서 마주하는 적정한 크기의 고체 물질을 실험하거나 관찰하는 방식으로는 불가능하다. 보통 우리는 생각만으로 새로운 수학적 사실을 배우는 것처럼 보인다. 그런데 어떻게 그것이 가능한 걸까? 아무리 봐도 생각만으로 알 수 있는 것은 거의 없는데 말이다.

　여러분이 실제 관찰한 결과로 '1+1=2'라는 사실을 알았다고 대답할 수도 있다. 우리가 사과 한 개를 본 뒤에 다른 한 개를 더 보면 모두 두 개의 사과를 보는 것이니 말이다. 이를 좀 더 세련되게 표현하면 '필수 불가결성 논증'이라 한다. 최고의 과학 이론은 모든 형태의 수학적 대상과 연산을 다룬다. 아주 좋은 증거 자료가 이런 이론들이 사실이거나 사실에 가깝다고 설명하며, 수학적 대상이 이론에서 설명하는 대로 작용한다는 것을 입증한다. 하지만 이 질문의 가장 큰 문제는 수학적 지식 대부분이 실생활에서 따지는 물리적인 양과 전혀 상관없다는 데에 있다. 예를 들어 복잡한 숫자를 물리적으로 구현해 내기 전에, 우리는 그와 관련된 지식을 모두 알고 있었다.

누군가 '1+1=2'라는 사실을 어떻게 알 수 있느냐고 묻는다면, 산술 공리*에서 증명되었다고 대답할 수 있다. 하지만 이는 문제를 미루는 꼴일 뿐이다. 산술 공리는 어떻게 알 수 있는가?

행여나 여러분의 기억이 가물가물해졌을까 봐 다시 말하는데, 나는 모른다. 하지만 산술 공리가 의미상 사실이라고 말할 수는 있다. 삼각형의 변은 세 개고, 총각은 미혼 남자를 뜻하며, '암컷 여우vixen'와 '여우fox'의 차이를 아는 것처럼 여러분은 산술 공리가 사실임을 알고 있다. 단어의 뜻 덕분이다. 하지만 산술 공리와 의미상 사실은 결정적 차이가 있다. 삼각형이나 총각이나 암컷 여우가 존재하지 않더라도 삼각형은 변이 세 개고 총각은 미혼 남자고 암컷 여우가 여우라는 사실은 변하지 않을 것이다. 하지만 산술 공리는 특정 대상, 즉 자연수가 실제로 존재해야만 사실이다. 어떻게 해야 의미상으로도 사실인 동시에 소위 존재하는 대상에 포함될 수 있을까?

거듭 말하지만 나는 모른다. 그래도 숫자를 기업에 비유해서 생각해

---

* 일반적으로 가장 잘 알려진 산술 공리는 페아노의 공리계이다. 우리는 페아노의 공리계 일부만 가지고도 '1+1=2'를 증명할 수 있다. 페아노의 공리계에서 0은 상수고 모든 자연수는 0의 다음 수successor의 다음 수들이다. 즉 1=S(0), 2=S(S(0))로 나타낼 수 있다. 덧셈의 두 가지 공리는 x+0=x, x+S(y)=S(x+y)이다. 1+1=2 혹은 S(0)+S(0)=S(S(0))이라는 증명은 꽤 간단하다. 두 번째 덧셈 공리에 따르면 S(0)+S(0)=S(S(0+0))이고, 첫 번째 덧셈의 공리에 따르면 0+0=0이다. 따라서 S(0)+S(0)=S(S(0))이다.

볼 만은 한데, 일정한 자격을 갖춘 사람들이 모여 적합한 환경에서 새로운 기업이 존재한다고 선언하면 그 기업은 존재하는 것이다. 우리가 어떤 식으로든 기업 이야기를 하기만 하면 기업은 계속 존재할 수 있다. 하지만 동시에 우리가 말하는 기업이 실은 기업을 구성하는 사람들의 행위를 뜻할 뿐이라는 걸 알고 있다. 이상하지만 아예 이해가 안 되는 것은 아니다. 어쩌면 숫자나 텐서장(벡터의 개념을 확장한 기하학적인 양), 환(사칙연산 중에서 나눗셈을 제외한 덧셈, 뺄셈, 곱셈이 자유로운 집합) 같은 개념을 비롯해 수학자들이 말하는 것 모두 이와 같을 수 있다. (그렇다 해도 수학적 개념이 기업과 완전히 같을 수는 없다. 기업은 생겼다가 사라지고 시간에 따라 변하지만, 숫자는 그렇지 않기 때문이다.) 아무튼 우리가 가진 숫자에 대한 지식은 숫자의 실체에 따라 달라진다.

(치킨 파르메산은
진짜 이탈리아 요리가
맞을까?　　　　)

나의 생각 메모

1

2

3

휴가 중에 그저 바다만 바라 보거나 하이킹하거나 친구와 빈둥거리며 시간을 보내고 싶을 때가 있다. 그런데 아주 낯선 곳에 가면 관광객 없는 그곳의 삶이 문득 궁금해지곤 한다. 현지인들을 따라 하고 싶어져서 그들이 놀러 가는 곳으로 놀러 가고, 그들이 듣는 음악을 듣고, 그 지역의 정치적 관계를 파악하고, 그들이 먹는 음식을 먹는다. 아니 그보다는 현지인만 하는 '독특한' 행동을 따라 하려 한다. 현지인들조차 아비스Arby's(미국의 샌드위치 전문 패스트푸드 체인점§)에서 밥을 먹고, 40위 안에 있는 인기 가요를 들으며, 슈퍼히어로 영화를 본다 해도 상관없다. 개인적으로 나는 딱히 관심이 없으니 말이다. (따가운 눈총이 느껴진다. 세계화가 문화적 다양성을 모호하게 만들어서 이런 케케묵은 방식의 어쭙잖은 현지인 흉내를 내게 된 건지도 모른다. 하지만 보통 이런 일로 크게 고민하지는 않는다.)

(왜 사람들이 여행 가서 이런 일을 하고 싶어 하는지 잘 모르겠다. 호기심 때문일 수도 있고, 새로운 경험을 좋아해서일 수도 있다. 뜨내기처럼 보이고 싶지 않거나 삶의 다른 모습을 상상하기 때문일 수도 있다. 이 모든 요인이 조금씩 섞여 있다고 생각한다.)

중요한 것은 사람들이 관광객용으로 만들거나 관광객 기호에 맞게 변형한 지역 문화를 우리에게 팔려고 한다는 것이다. 진짜를 찾아다닐 수록 진짜를 찾는 수많은 사람들 틈에 끼어 있는 자신을 발견할 뿐이다. 그래서 진짜를 찾는 것이 대단한 일이 된다. 이것이야말로 진정성의 한 유형으로, 외부인을 위해 만들어지지 않은 것, 현지인들만의 독특한 삶의 방식을 의미한다.

이런 유형의 진정성은 상대적이라서 특정한 문화적 맥락에서만 논할 수 있으며, 절대적인 진정성이란 존재하지 않는다. 특히 치킨 파르메산(빵가루를 입혀 기름에 튀겨 낸 닭살을 토마토소스에 버무린 요리. 이탈리아에서 유래했으며 북미에서 흔히 볼 수 있는 음식이다)이 여기에 해당한다. 언제인가부터 우리는 미국 식당에서 파는 중국, 이탈리아, 멕시코 음식 대부분이 중국, 이탈리아, 멕시코 사람들이 실제 먹는 음식과 상당히 다르다는 것을 알았다. 나 역시 실망했다. 그런데 굳이 실망할 필요가 있었을까? 음식만 맛있다면 진짜인지 아닌지가 그리 중요한가? 다른 문화에 익숙해지려는 시도로써 모든 것을 경험하지는 않는다. 이 논리는 모든 문화 상품에 적용된다. 자신이 듣는 특정한 노래가 진짜(즉, 진정성이 느껴지는) 힙합인지 펑크인지 블루스인지에 집착하는 사람들이 있다. 순수하게 민족적이거나 역사적인 차원에서 음악에 관심을 갖는 것이라면 이런 집착도 이해가 간다. 그런데 이런 차원의 관심이라면 범위가 아주 좁지 않을까?

그런데 더 중요한 것이 있다. 진짜 중국식, 이탈리아식, 멕시코식이 아니면 또 다른 진짜가 될 수 없을까? 내가 파르마(이탈리아 북부 도시이며 치즈로 유명하다.⁵⁾) 현지 음식이 먹고 싶다면 치킨 파르메산을 찾지 않을 것이다. 하지만 뉴저지주 북부에서 먹는 현지 음식이 먹고 싶다면 치킨 파르메산은 훌륭한 첫 선택이 된다. 크랩 랑군(만두피 안에 게살과 크림치즈를 넣어서 튀긴 바삭바삭한 식감의 요리로 주로 미국 내 중국이나 태국 식당에서 제공된다⁵)이나 하드셸 타코(튀긴 토르티아에 싸 먹는 미국식 타코⁵)도 그렇다. 따라서 어떤 것이 진짜인지 아닌지 고민하는 순간 이면의 가치를 파악하기 힘들어진다. 한편으로 진정성이 장소나 삶의 방식과 밀접하다는 사실을 깨달으면, 생각지 못한 곳에서 진정성을 발견할 수도 있다.

하지만 진정성은 이런 유형만 있는 게 아니다. 함께 시간을 보내면 그가 연기하는 것인지 혹은 사람들의 기대대로 행동한 것뿐인지 알게 된다. 자신의 본모습(이게 무엇을 의미하든 간에)을 쉽게 보여주지 않는 것이다. 우리가 어떤 문화나 삶의 방식의 실제 모습을 알고 싶어 하듯이, 당신이 그들이 원하는 대로 해 주지 않으면 그들도 당신의 본심이 알고 싶어질 것이다. 그들이 당신의 본심을 추측하느라 잔뜩 마음을 졸일 수도 있다. 우리는 이런 욕망을 표현하려고 진정성이라는 단어를 사용한다. 따라서 치킨 파르메산 문제에 담긴 문화적 진정성과 더불어 개인의 진정성이라는 관점에서 개개인을 따져 볼 수도 있다.

그리고 음식이나 음악에서 진정성만을 바라면 그 자체가 훌륭한지를 파악할 수 없듯이, 스스로에게나 다른 사람들에게 진정성을 요구하는 것은 어쩌면 소모적이고 이기적인 행동일 수 있다. 예를 들어 식료품점의 계산원이 본모습을 드러내지 않을 뿐더러 나와 나눈 대화도 그저 식료품점의 계산원의 역할을 수행하는 것뿐이라고 하자. 그게 뭐 어떤가? 삶은 고되고 일도 고되며, 우리에게는 더 중요한 고민거리가 있다. 아주 친밀한 관계에서는 사소한 거짓말이 큰 배신으로 느껴질 수도 있으니 개인의 진정성이 중요하다. (그렇다 해도 다음 상황을 가정해 보자. 여자 친구에게 밸런타인데이 선물로 장미를 주었고 그녀가 굉장히 좋아했다. 설사 그녀가 사랑스러운 여자 친구를 연기했고 나 역시 사려 깊은 남자 친구를 연기했다고 해서 큰 문제가 될까? 여전히 괜찮은 상황 아닌가?) 누가 뭐라든 개인의 진정성을 따지겠다면, 적어도 때와 장소는 가리는 게 좋을 것이다. 살짝 무심한 대응이나 표정 혹은 영혼 없는 역할극 덕에 여러분과 주변 사람들의 삶이 조금이라도 더 편해진다면 그냥 내버려두자.

(아기 히틀러를
만난다면
죽여야 할까?)

나의 생각 메모

1 _____

2 _____

3 _____

이 질문은 여러 가지 방법으로 접근할 수 있다. 먼저 역사적 위인 이론(리더가 된 사람에게는 다른 구성원과 구별되는 우수한 소질과 독특한 특징이 있다는 견해*)에 대한 질문으로 볼 수 있다. (여러분이 아기 히틀러를 죽인다 해도 더 거대한 사회적 세력이 나치당을 만들지 않았을까?) 혹은 역사적 가정에 대한 일반적인 생각을 묻는 질문일 수도 있다. (이런 식의 역사적 사건은 실험을 통해 연구할 수 없는데, 아기 히틀러를 죽이면 우리는 어떻게 미래의 일을 알 수 있을까?) 심지어 시간 여행의 역설을 다루는 질문이 될수도 있다. (아기 히틀러를 죽이면 여러분이 태어나는 순간으로 이어지는 일련의 사건들 사이의 미묘한 연결 고리가 깨질지도 모른다. 그렇다면 어떻게 아기 히틀러를 죽일 수 있겠는가?)

하지만 사람들은 마음속으로 각자 다르게 해석할 수도 있다. 아기 히틀러를 죽이면 (다른 끔찍한 사건이 일어나지 않고) 홀로코스트를 막을 수 있다고 가정하자. 그래도 어떻게 아기를 죽일 수 있겠는가? 혹은 사고의 범위를 더 넓혀서, 어떤 행위를 아직 생각조차 하지 않은 사람에게 그 행위에 대한 처벌을 내려도 될까? 대답은 간단하다. 홀로코스트를 막을 수 있다면 정말 좋을 것이다. 여러분이 구할 수백만 명의 목숨이 아기 한 명의 목숨보다 더 중요할 테니까. 아기 히틀러를 죽이면 비교적 적은 비용으로 헤아릴 수 없이 많은 이익을 얻는다.

> ◆ 하지만 지나치게 생각을 합리화하는 것은 아닐까? 아기와 무고한 사람들을 죽이는 것은 명백히 잘못된 행위며, 이러한 생각은 비용 편익 분석을 아무리 많이 해도 변하지 않는다.

아기 히틀러를 죽여서 얻는 이익이 비용을 훨씬 웃돈다는 결론을 내린다고 해도, 아기를 살해하는 행위에 대한 혐오감은 나 역시 떨쳐내기 어렵다. 이토록 강력하고 무의식적인 도덕 반응을 그냥 무시하고 싶지는 않다. 이런 반응이 우리 삶을 발전시켜 나간다. 물론 도덕 반응에 항상 의지해서는 안 되지만 말이다. (수많은 사람이 동성애와 다른 인종 간 연애를 혐오하지만, 이런 감정을 주장의 결정적 증거로 여겨서는 안 된다.) 반면에 도덕 반응을 거부하려면 타당한 이유가 필요한데, 비용 편익 분석은 충분히 납득할 만한 이유가 될 수 없다.

이 문제를 다른 식으로 생각할 수도 있다. 우리의 무의식적인 감정 반응은 기본적으로 특정 환경에 놓였던 조상들로부터 진화했으며, 문화적 유산과 개인 경험을 통해 우리 몸에 새겨진다. 이런 감정 반응은 시행착오를 거쳐 살아남았기 때문에 확산되고 지속된다. 그런데 검증되지 않는 상황에서도 무의식적인 감정 반응은 나타난다. 만약 도덕 본능이 검증된 상황과 전혀 다른 상황에 놓였다면, 이때는 도덕 본능을 믿어서는 안 된다. 이는 수중 환경에 맞춰서 진화해 온 눈을 가진 생물이 육지로 올라오자마자 사물의 크기와 거리를 측정하는 경우와 같다. 도덕 본능을 이해하려면 과거를 들여다보는 것이 가장 좋다.

아기에게 가하는 폭력에 대한 혐오감은 양육 과정에서 모두가 협력하며 자원을 집중적으로 투자해야 한다는 사회적 맥락에서 발전했다. 비슷한 예로 우리는 무고한 이를 해치는 사람들에게 유독 분노하는데, 이 또한 함께 어울려 사는 데 있어 꼭 필요한 감정이었다. (그런데 어차피 피해를 당할 거라면 정직하고 협조적인 태도가 다 무슨 소용인가?) 우리가 아기와 무고한 사람들에게 가해지는 폭력에 거부 반응을 보이는 이유는, 이웃들의 그런 반응이 없었다면 우리 조상들은 살아남아 번성하지 못했을 것이기 때문이다. 하지만 아기 히틀러의 경우는 조상들이 처했던 환경과 다르다는 사실에 주목해야 한다. 여러분도 알듯이 여기에는 무고한 아기를 살려 두면 수백만 명이 목숨을 잃을 것이라는 조건이 붙어 있다. 만약 우리가 아기 히틀러를 죽여야 하는 상황을 수없이 맞닥뜨리는 세상에서 진화한다면, 아기와 무고한 사람들을 향한 감정은 달라질 것이다. 이 질문은 무의식적인 도덕 반응이 평소 서로 협력하는 단체 생활을 가능하게 하지만, 우리에게 굉장히 위협적이라는 사실을 정확하게 보여준다. 바로 이런 경우에 우리는 도덕 본능을 믿어서는 안 된다.

그런데 이렇게 생각할 수도 있다. 아기 히틀러를 죽일 수 있다면 애초에 아기 히틀러가 태어나지 않게 할 수도 있지 않을까? 아니면 젊은 히틀러에게 그림 그리는 일을 계속하도록 설득할 수 있지 않을까? 아니면 말 그대로 아기를 죽이지 않는 다른 방법은 없을까? 참고로 이 아이디어는 이 책의 초고를 검토해 준 철학자*의 머리에서 나왔다. 어쩌면 이 아이디어를 통해 나라는 사람을 보여줄 수 있었고 사고 실험으로 철학하는 법을 설명할 수도 있었지만, 스스로는 이런 생각을 전혀 하지 못했다는 사실에 조금 괴로웠다.

---

* 낸시 맥휴Nancy McHugh에게 존경과 감사를!

(식물도
생각할 수
있을까?

)

나의 생각 메모

1

2

3

식물들도 꽤 과격하게 움직일 수 있다. 빛, 물, 열, 접촉 등 특정 자극에 다가가거나 멀어지기도 하며, 균근 네트워크와 공기로 신호를 보내주위 식물들에게 다가올 위협에 대비하라고 경고하기도 한다. 고통에처하면 식물의 각 부분은 서로 소통할 수도 있다. 같은 종이라고 해도친구인지 낯선 존재인지를 구분하며 친구와는 협력을, 낯선 존재와는자원을 두고 경쟁한다.

우리는 인간의 이런 행동을 생각이나 욕망, 기타 정신 활동의 증거로 받아들인다. 다른 사람의 손이 닿는 게 싫어서 몸을 움츠리고 선반꼭대기에 쿠키가 있을 것이라 생각해 그곳을 뒤진다. "조심해!"라고 소리치며 주위 사람이 잠재적인 위험 요소에 주의를 기울이길 바라는 마음을 표현한다.

하지만 식물의 놀라운 행동은 대부분 정신 작용과는 상관없는 물리계의 일과 매우 비슷하다. 구식 온도계의 수은주는 온도 변화에 따라팽창하거나 수축한다. 무언가가 연기를 내뿜으면 아무리 하찮은 존재라도 주위 생물들에게 불이 났다는 신호를 보낸다.

그렇다면 식물들은 인간에 더 가까울까, 온도계나 불타는 종이에 더 가까울까? 나는 몇 가지 근거 때문에 후자라 생각한다. 우선 식물의 행동을 설명할 때 생각을 나타내는 표현을 사용하는데, 생각이 없는 존재에도 같은 표현을 부정확하게 혹은 비유적으로 사용할 수 있다. (수은주가 팽창하길 '원한다' 혹은 종이가 자신이 불타고 있다는 걸 우리에게 '경고하고' 있다.) 언제 부정확하고 비유적인 표현이 되고, 언제 정확하고 사실적인 표현이 될까? 참을 수 있는 정도로 정확성과 정밀성이 떨어지는 수준에서 특정 행동을 예측·설명할 때, 어떤 표현을 쓰는게 쓰지 않을 때보다 더 정확하고 간결하다면 해당 표현은 사실적이라고 말할 수 있다. (이것이 바로 연속체의 개념이다. 우리가 예측하고 설명할수록 더 명확하고, 간결할수록 더 사실적이다. 생각을 나타내는 표현에서 정확성과 정밀성이 크게 떨어질수록 덜 사실적이다.) 수은주가 팽창하고 싶어 한다는 말은 상당히 부정확한 데다 설명이라 보기도 힘들며, 수은주가 정상 압력에서 어떤 비율로 팽창한다는 말보다 더 간결하지도 않다. 식물의 행동을 생각을 나타내는 말로 설명하는 것 또한 비슷하다. 식물이 빛에 더 가까이 다가가고 싶어 한다는 말은 굴광성(빛이 들어오는 방향으로 굴곡 성장하는 성질[5])을 설명한다고 할 수 없다. 우리에게는 이 행동을 진화와 화학의 관점에서 설명해 주는 정확하고 사용하기도 무척 쉬운 용어가 있다.

다음으로 사물에 관한 우리의 생각은 적어도 두 가지 방식에서 식물의 행동과 다르다. 하나는 우리의 생각이 자극의 영향을 받지 않는다는 것이다. 이를 테면 눈앞에 볶음밥이 있을 때는 물론이고 오늘 저녁에 뭘 만들지 계획할 때도 볶음밥에 대해 생각할 수 있다. 식물이 어떤 위협적인 요소에 대한 반응으로 신호를 보낼 수는 있지만, 현재 다가오지 않는 위험한 상황을 미리 생각할 수 있을까? 다른 하나는 우리는 어떤 사물에 대해 생각할 때 두 가지 이상의 생각을 떠올릴 수 있다는 것이다. 내가 사과라는 개념을 인지하는지 아닌지는, 사과에 관한 여러 사실(사과는 빨간색과 초록색 품종이 있으며 나무에서 자란다.)을 알고 있을 뿐 아니라, 사과에 대해 온갖 생각(사과를 먹고 싶어 한다거나 파란색 사과를 상상한다.)을 한다는 사실로 확인할 수 있다. 철학자들은 이를 '일반성 제약'이라 부르기도 한다. 내가 보기에 식물의 생각으로 추정되는 것은 일반성 제약을 따르지 않는다. 식물이 빛을 향해 움직일 수 있지만, 움직임과 상관없이 빛에 대한 다른 생각도 할 수 있을까?

따라서 나는 식물이 생각할 수 있을지 의심스럽다. 식물이 생각할 수 있다는 가정에서 우리가 무엇을 얻을 수 있는지 명확하지 않을 뿐더러 식물의 생각으로 추정되는 것은 수상할 정도로 자극의 영향을 받으며 그 내용도 정해져 있기 때문이다. 내 생각에 우리 조상들이 바람, 강, 화산에 정신을 부여하려 했던 것과 같은 이유로, 우리는 식물에 정신적 특징을 부여하려 한다. 우리 뇌는 가능한 한 모든 존재에게서 정신을 찾으려 애쓰기 때문이다. 이런 식이라면 식물의 마음을 본다는 것은 토스트에서 얼굴이 보인다는 것과 같은 말이다. 우리는 어디서든 얼굴을 찾을 수밖에 없으며, 예상치 못한 곳에서 얼굴을 발견하면 순수한 의미로 흥분된다. 하지만 냉정을 되찾으면 이 모든 게 바보 같은 짓이라는 걸 깨닫는다. 내가 아침밥이 성모 마리아와 똑같다고 말한들 새빨간 거짓말일 뿐이니까.

(불교를 철학으로
볼 수
있을까?)

둘 다 해당하지 않을까? 종교에서 공통으로 나타나는 몇 가지 특징
을 한 번 살펴보자.

- 특유의 윤리관(할랄 혹은 코셔kosher(전통적인 유대교의 율법에 따라
  라 식재료를 선택하고 조리한 음식§) 음식 먹기, 금기어 말하지
  않기)
- 특유의 초자연적 믿음(신, 내세, 부활, 브라만)
- 중심 교리의 일부가 한 명의 현자를 통해 공개됐다는 시각(시
  나이산에서 십계명을 받은 모세, 마호메트의 예루살렘 야간 여행)
- 성서 또는 구전(《성경》, 이집트 《사자의 서》, 《바가바드기타》(힌두
  교 성전 중 하나§))
- 종교의 구성원으로 만들거나 정의하는 특정한(논란의 여지가
  있는) 규율(세례, 유대교의 모계 혈통 교리)
- 종교적 권위가 부여된 일부 계층 승려, 사제, 이맘(이슬람교에서
  성직자를 일컫는 말§), 샤먼)
- 신성한 의식(기도, 명상, 생활 주기 의식)

불교는 수없이 다양한 형태로 존재하지만, 대부분은 위의 특징을 공유한다. 윤회에서 벗어나 열반에 이르는 팔정도는 넓은 의미로 윤리질서를 뜻한다. 환생에 대한 믿음은 초자연적이며 일부 불교 신자는 수많은 신들과 다른 세계의 존재를 믿는다. 또한 신자들은 불교의 가르침이 대부분 부처를 통해 밝혀진 것이거나 그가 깊은 사색에 정진하다 깨달은 것이라고 주장한다. 종파에 따라《팔리어 대장경》같은 경전이 있으며 신자를 정의하는 기준도 다르지만, 그중 사성제(고집멸도의 네 가지 진리를 의미하는 불교 교리[5])를 믿는 사람들을 불교도로 간주하는 사례가 가장 논란이 적다. 불교에는 승려가 있으며 기도와 명상, 그 밖에 종교 의식이 있다. 이제 여러분은 불교를 배제하되 다른 모든 종교를 포함하는 개념으로써 사용하는 '종교'의 정의를 새롭게 떠올릴 것이다. 물론 여러분 멋대로 뜯어고친 말이지만 말이다. 그런데 굳이 그렇게 할 필요가 있을까?

한편 과거에 이런 이야기를 불교 신자들에게 할 때마다 그들은 불교는 철학이지 종교가 아니라고 주장했다.* 지금 그들이 어떻게 생각하는지는 100% 확신할 수 없다. 불교 교리와 수행에 대한 그들의 생각이 심사숙고한 끝에 내린 결론일 수도 있고 그 생각을 합리적으로 변호하려는 것인지도 모르며, 더 나아가 모순되는 증거에 비추어 기존 생각

---

* 일부 사람들은 이 모든 비유가 '근대화'라는 형태로 서양에 수출된 불교에 대한 반응이라 주장해왔다. 그럴지도 모르지만, 과연 불교를 철학으로 주장하는 사람이 얼마나 될지는 흥미롭게 지켜볼 일이다. 경험상 미국에서 자란 유럽계 불교도들과 일본에서 나고 자란 소위 민족 불교도들뿐이다.

을 수정할 마음을 먹고 있을 수도 있다. 어쩌면 무아無我, 이제설(진리의 차원을 세속적인 차원과 승의적인 차원의 둘로 이해하는 방식[1]), 팔정도에 나타나는 윤리적 요소 등 불교에서 말하는 특정 개념들은 적어도 일부 철학 질문에 대한 답이 될 수도 있다. (자아란 무엇인가? 현재의 나와 두 살배기의 내가 어떻게 같은 사람인가? 현실 세계를 이루는 근본 구조는 무엇인가? 나는 어떻게 살아야 하는가?) 사람들은 자신의 종교를 유지하면서 불교 교리와 수행을 받아들일 수도 있다. 맞든 틀리든 일련의 교리와 수행을 철학이라 부름으로써 불교를 고상하게 표현하는 것일지도 모른다. 뭐가 됐든, 나도 동의하지 않는 것은 아니다. 물론 불교 신자로 자란 어린아이들은 깊은 사유를 거쳐 현재의 신념에 도달하지 않았으며, 일부 불교를 가만히 살펴보면 다른 종교 교리와 달리 우주론적이고 신학적인 교리가 들어 있다. 그런데 불교를 철학이라 부르는 것이 비판적으로 자신을 성찰하는 수행자를 철학자라 말하는 것과 같다면, 불교는 철학이 맞다.

◆ 　하지만 불교도들은 대개 불교 사회에서 자라 왔다. 누군가의 신념이나 행동이 부모의 가르침이나 사회 집단의 규범에서 비롯된다면, 그건 철학이라 부를 수 없다.

내가 생각하기에도 누군가가 부모나 사회가 말하는 신념을 비판 없이 무분별하게 수용할 때 그 사람의 생각을 철학이라고 부르는 것은 오해의 소지가 있다. 철학자의 말이라면 뭐든 합리적이라고 생각하는 것과 비슷하다.

여기서 '비판 없이 무분별하게'가 결정적인데, 그 이유는 다음과 같다. 첫째로 철학적 추론은 시대를 대표하는 상식이 되는 경향이 있다. 고대 그리스 철학자들의 추론이 결국 고대 그리스인의 생각이 되었으며, 중세 기독교 철학자들의 추론도 중세 기독교인의 생각이 되었다. 칸트의 실천 이성 비판 역시 정교한 추론이지만 18세기 프로이센에서 유행한 루터교 교리와 다를 바 없었다.* 이 모든 경우에서 어디까지가 사회적 통념이고 어디서부터가 철학인지 말하기란 거의 불가능하다. 그리고 우리는 여전히 이들을 철학자라 생각한다.

둘째로 철학적 추론 역시 처음에는 어설픈 면이 있다. 여러분이 설정한 기본 전제가 (잠정적으로라도) 주위 사람들의 생각과 일치하는지 아닌지가 왜 중요한가?

셋째로 우리는 학문으로써의 철학과 가치관으로써의 철학을 구분해야 한다. 여러분이 철학적 질문에 대답할 준비가 되었다면 여러분만의 철학이 있는 것이다. 누군가에게 철학이 있다는 말이 마치 그 사람의 신념에 특별한 지위를 부여하듯 들리는데, 그렇지만도 않다. 일관적이지 않거나 모호하거나 서툴더라도 누구나 철학을 가질 수 있다. 반

---

* 프리드리히 니체는 항상 재치 있게 말했는데, 그중 칸트에 대한 농담도 있다. "그는 대중의 말문을 막는 말로 대중이 옳다는 것을 증명하고 싶어 했다. 이는 칸트만의 비밀스러운 농담일지도 모른다. 그는 일반 대중의 편견을 지지하며 학자들을 향해 글을 썼지만, 그 글은 학자들을 위한 것이지 대중을 위한 것은 아니었다."

면에 학문으로써의 철학은 자신을 비롯한 다른 사람의 철학적 견해를 정확한 말로 다듬어 표현하려는 노력이자 추론의 문제다. 어떤 신념이 철학 연구의 산물이라면, 거기에는 다른 신념에 없는 진지함이나 훌륭함이 담겨 있을 것이다. 모든 불교 신자들이 자신만의 철학을 가졌을 테지만, 일부 신자의 신념과 수행만을 학문으로써의 철학이라 말할 수 있다.

마지막으로 서양 철학자들은 유럽의 전통에서 벗어난 사람의 글이나 생각을 단지 종교라는 이유로 무시해 온 무례한 역사가 있다. 그때 불쾌한 경험을 과거의 일로 묻으려 불교를 철학이라 부르는 것이라면, 나는 찬성이다.

（ 나쁜 것이라도
좋아할 수
있을까? ）

나의 생각 메모

1

2

3

사람들은 나쁘다는 이유로 혹은 나쁘다는 사실을 알면서도 무엇인가를 좋아하기도 한다. 이를 테면 더 섀그스The Shaggs(미국의 록 밴드§)의 앨범 〈필로소피 오브 더 월드Philosophy of the World〉나 〈마이 프렌드My Friend〉 혹은 〈페이스북 어, 오, 오Facebook Uh, Oh, Oh〉처럼 오래된 유로비전(유럽 최대의 음악 경연 대회§) 노래라든지 〈더 룸The Room〉, 〈트롤 2Troll 2〉, 〈더 프린세스 스위치The Princess Switch〉 같은 영화, 그림 〈하늘 위에서 꽃과 함께 있는 루시Lucy in the Sky with Flowers〉를 비롯한 배드 아트 미술관에 있는 작품이 대부분 여기에 속한다. 지금부터 이 글에서는 이런 것을 묶어 'SBIGSo Bad It's Good'로 줄여 부르기로 한다.

그런데 나쁜 것이라도 좋아할 수 있을까? 어쨌든 우리는 나쁘다고 생각하는 예술을 싫어하지 않나. 어떤 대상을 나쁘다고 생각한다면 싫어하는 것 아닐까?

이 질문이 나온 부스에서 철학자 한 명은 역설적이지만 많은 SBIG가 좋아하는 것들을 포함한다고 말했다. 나도 그 말이 옳다고 생각하는데, 무언가를 역설적으로 좋아한다는 게 대체 무슨 뜻인지 궁금했다. 아이러니라고 하면, 나는 보통 연극의 아이러니(등장인물에게 일어나는 일을 등장인물보다 관객이 훨씬 더 잘 알고 있는 것)와 의사 전달 과정에서의 아이러니(적어도 내가 좋아하는 이론에 따르면, 일련의 상황에서 누군가와 똑같이 행동하지 않으려 애쓰면서도 역설적으로 똑같이 행동하는 사람)가 떠오른다. 하지만 무언가를 역설적으로 좋아하는 아이러니는 연극과 상관없으며 의사 전달 과정에 해당하지도 않는다. 무언가를 역설적으로 좋아하는 사람은 그 상황을 완벽히 이해하며, 특별히 다른 누구와 소통하지 않고도 그렇게 할 수 있기 때문이다. (더 중요한 사실은 여러분이 어떤 일로 누군가에 감사 표시를 '역설적으로' 한다면, 실제로는 별로 감사하지 않는다는 뜻이다. 그런데 무언가를 역설적으로 좋아한다는 것은 실제로도 좋아한다는 뜻이다.) 내 가설은 이렇다. 여러분이 무언가를 좋아하는 데 있어서 평소에 그런 종류를 평가할 때 적용하는 기준을 남들 눈치를 보면서도 즐겁게 내려놓으면 역설적으로 좋아한다고 표현할 수 있다.

그렇다고 이것이 SBIG를 이해하는 유일한 방식이라고 생각하지는 않는다. SBIG가 좋다면 어떤 면으로 보든 좋은 점이 있다는 사실이 중요하다. 적어도 내가 아는 한 SBIG는 우아하고 심오하며 감동적이고 통찰력이 돋보여서 좋은 게 아니다. 그보다는 재미*와 놀라움을 선사

---

* SBIG는 어째서 재미있는 걸까? 일부 철학자들의 말에 따르면, 어떤 대상이 우리가 다른 사람(혹은 과거의 나 자신)보다 우월하다고 느끼게 할 때 우리는 그것이 재미있다고 생각한다고 한다. 이는 SBIG의 재미를 꽤 잘 설명한다. 다행스럽게도 나는 영화 〈더 룸〉을 만드는 데 필요한 당당함, 기이함, 여성 혐오, 인간 언어의 자연스러운 리듬에 무심한 태도 등을 제대로 갖추지 못했다. (내가 그런 사람이라 해도 이 영화를 실제로 만들지 않을 정도의 자기 인식은 가능하다.) 이 우월 이론은 일반적 의미의 재미에 대한 설명으로는 맞지 않는다. 잠깐 생각해 봐도 온갖 반대 사례를 떠올릴 수 있다. 그런데 이따금 다른 사람보다 스스로가 우월하다고 생각해 웃는다고 말하는 것은 괜찮을 듯하다. 하지만 나쁜 예술이 모두 SBIG는 아니라는 사실을 우월 이론이 어떻게 다룰지는 확실치 않다.

하기에 좋은 것이다. 나는 이것이 어떻게 가능한지 절실히 알고 싶고, 이상하다고 느끼는 이유를 정확하게 설명하고 싶다.

이처럼 SBIG에 대해 알면 알수록 그것에 대한 감정은 복잡해진다. 더 섀그스가 무척 암울한 어린 시절을 보냈으며 해체 이후에도 그런 삶을 산다는 기사*를 읽고 나서는 그들의 음악을 즐기면(?) 내가 그들을 공격하는 것처럼 불편하게 느껴졌다. 하지만 이내 편하게 여기기로 했다. 그들은 자신들의 음악을 그리 즐기지 않았으며, 아무리 레코드 해설에 더 섀그스가 우리를 사랑한다고 쓰여 있어도 그들이 결정해서 음반을 내는 것은 아니지 않나. 따라서 나는 (적어도 거들먹거리는 태도로) 그들을 놀리지 않는다. 그들의 음악에 웃을 뿐이다. 만든 이 스스로 좋지 않은 것을 만들었다고 인정한 SBIG와 그렇지 않은 SBIG, 이 두 유형의 SBIG 사이에는 도덕적으로 중요한 차이가 있는 듯하다. 우리가 후자를 놀리는 이유에는 만든 이의 자기 인식 능력 부족도 포함되지만, 전자의 경우라면 그저 작품 자체가 웃기거나 별로 깐깐해 보이지도 않는 만든 이의 얼굴이 웃겨서일 수도 있다.

이는 내가 아이들의 예술 작품을 두고 SBIG라고 말하기를 꺼리는 이유 중 하나다. 아이들은 대체로 예술적 기량을 딱히 자각하지 못하는데, 그렇다고 해서 아이들을 놀린다면 몹시 못된 행동이지 않을까?

---

* 수전 올리언Susan Orlean, 〈더 섀그스에 대해 알아보자Meet the Shaggs〉, 《뉴요커》, 1999년 9월 22일. 전문은 https://www.newyorker.com/magazine/1999/09/27/meet-the-shaggs에서 확인할 수 있다.

(젤리를 좋아하든 싫어하든
느끼는 맛은
같을까?   )

나의 생각 메모

1

2

3

'예'와 '아니오'를 말하는 사람들 모두 꽤 설득력 있는 주장을 펼친다.

• 맛이 같다는 주장

부스에서 한 꼬마가 제안한 것처럼 똑같은 젤리를 각기 다른 때에 먹는다고 가정하자. 처음에는 맛있다. 두 번째는 맛있지 않다. 입맛이 바뀌었기 때문이라기보다는 배가 부르거나 최근에 사탕을 너무 많이 먹었거나 그냥 젤리를 먹을 기분이 아니기 때문이다. 이때 젤리 맛은 같지 않을까? 그리고 어떤 사람이 젤리를 맛있게 먹든 맛없게 먹든 그 사람이 느끼는 젤리 맛이 같다면, 젤리를 싫어하든 좋아하든 맛이 달라야 할 이유가 있을까?

젤리를 좋아하는 사람과 싫어하는 사람에게 젤리 맛이 어떤지 물으면, 단언컨대 둘 다 비슷하게 설명할 것이다. 달콤하고 겉은 약간 단단해도 안은 물렁물렁하며, 낱개로 이루어져 있고 먹고 나면 입안이 텁텁하다고 말이다. 이게 사실이라면 양쪽 사람들 모두 젤리 맛을 똑같이 느낀다는 것을 가장 간단히 설명한 셈이다.

• 맛이 다르다는 주장

젤리를 좋아하든 싫어하든 젤리 맛을 같게 느낀다면 우리는 음식의 맛을 즐기는 경험과 단순히 음식을 먹기만 하는 경험을 구분할 수 있어야 한다. 그런데 그게 가능한지 확실치 않다. 게다가 달콤하고 무르다는 것 외에 즐긴다는 경험이 따로 존재해야 한다. 그것은 어떤 경험일까? 우리가 어떤 것을 즐길 때의 경험과 같을까? 맛있는 피클을 먹는 것과 맛있는 젤리를 먹는 것이 같다는 말은 왠지 어색하다. 둘은 속성이 완전히 다르기 때문이다.

어떤 음식을 한 사람은 좋아하고 다른 사람은 싫어하면, 둘은 보통 그 음식을 다르게 표현할 것이다. 일례로 고수를 싫어하는 사람은 비누 맛이 난다고 하지만, 좋아하는 사람은 그렇게 말하지 않는다. 젤리를 좋아하는 사람과 싫어하는 사람이 (좋다거나 싫다는 표현 말고는) 맛의 차이를 달리 표현하지 않을 수도 있는데 그건 표현력이 부족하기 때문일 뿐이다. 따라서 일반적으로 어떤 음식을 한 사람은 좋아하고 다른 사람은 싫어한다면 두 사람은 음식 맛을 다르게 느끼는 것이다. 젤리도 마찬가지다.

이제 우리는 어떻게 해야 할까? 철학자 이마누엘 칸트는 《순수 이성 비판Critique of Pure Reason》의 유명한 대목에서 몇몇 거대한 형이상학적인 질문(예: 우주는 무한한가, 물질계 너머 세상에는 '필연적 존재(라 쓰고 신이라 읽는다)'가 존재할까 등)에 대한 모순적인 대답들도 처음에는 (적어도 그에게는) 굉장히 설득력 있게 느껴진다고 이야기한다. 칸트에 따르면 그 이유는 질문 자체의 오류 탓이다.

이 젤리 질문은 질문자 매니Manny를 괴롭히는 문제만큼 심각하지는 않지만, 기본적으로 우리가 같은 처지에 놓여 있다는 사실을 보여줄지 모른다. 일례로, 여러분은 위의 두 견해차가 말뿐이라고 생각할 수 있다. 젤리를 좋아하든 싫어하든 젤리를 먹으면 무슨 맛을 느낄지 우리는 알고 있다. 두 주장은 단지 경험의 차이를 맛의 차이로 볼 것인지를 두고 갈린다. 음식 맛에 먹는 사람의 즐거움까지 포함한다면 좋아하는지 싫어하는지에 따라 젤리 맛은 다르다. 그렇지 않다면 모두에게 젤리 맛은 똑같다.

하지만 이것만으로는 충분치 않다.* 즐기는 정도의 차이를 제외하더라도, 젤리를 좋아하는 사람과 싫어하는 사람이 항상 혹은 반드시 맛을 다르게 느끼는지가 진짜 문제다. 이를 딱 잘라 말하기는 어렵지만,

---

* 여기서는 다루지 않은 맛에 대한 까다로운 질문들이 많다는 사실에 주목할 필요가 있다. 사회적 통념에 따르면 미각의 영역은 입이 담당하지만, 맛에 관한 경험은 대체로 후각에 의해 결정된다. 맛에 관한 우리의 직관은 사회적 통념과 생리학적 사실이 다르다는 것에 얼마나 영향을 받을까? 무엇보다 후각은 감정이 많이 섞인 기억과 관계가 밀접하다. 이는 맛과 즐거움의 관계가 시각과 즐거움의 관계와는 다르다는 뜻일까? 우리는 맛을 표현할 때 음식 자체를 평가하거나(예: 젤리) 음식의 특성(예: 톡 쏜다)을 말한다. 이런 요소가 '진짜' 맛에 포함된다면, 젤리 문제의 결론은 어떻게 될까?

내용이 무의미하다거나 절망적일 만큼 모호하다거나 알맹이 없이 말로만 떠드는 논의가 되지는 않을 것이다.

어쨌든 나로서 최선의 대답은, 잘은 모르지만 '맛이 똑같다는 주장'에 마음이 기운다는 것이다. 첫 번째 근거는 꽤 설득력 있다. 아무리 맛있는 음식도 너무 많이 먹으면 미각이 꼭 변하지 않더라도 맛없게 느껴진다는 논리적 주장이다. (매운 음식을 너무 많이 먹어 입에서 불이 나거나 너무 짜게 먹어 입안이 건조해지면 미각이 변할 수도 있다. 그런데 반드시 그렇지는 않다.) 우리가 다른 사람이 되어 그와 내가 젤리를 먹었을 때의 느낌을 직접 비교할 수는 없지만, 내가 느끼는 젤리 맛이 시간이 지날수록 어떻게 변하는지는 비교할 수 있다. 물론 맛은 대체로 같을 것이다. 하지만 두 번째 근거는 논리적으로 꽤 빈약하다. 맛을 표현하는 데 익숙하지 않은 사람이라면 일반적으로 그렇게 하기 무척 어렵기 때문이다.

'맛이 다르다는 주장'의 근거들을 자세히 뜯어보면 잘 이해되지 않는다. 첫 번째 근거는 직관에 기대어 젤리를 먹는 경험 전체를 구성하는 요소를 각각 구분 지으려 한다. 직관은 이해하기 어려운 심리의 영역이지 우리가 일상적으로 경험하는 영역이 아니며, 그렇게 중요한 문제도 아니다. 두 번째 근거는 음식 선호에서 비롯한 모든 차이를 고수를 좋아하는 사람과 싫어하는 사람의 차이로 인식하는 의문스러운 가정에 기반을 둔다. 하지만 음식에 대한 선호도는 유전(예: 고수에 대한 선호도)이나 문화(특정 지역의 매운 음식에 대한 선호)의 영향을 받기도 하며, 같은 사회 집단 내에서조차 개인차가 심하게 벌어진다(예: 젤리). 맛과 즐거움의 상관관계가 이런 식의 음식 선호도에 모두 똑같이 나타난다고 생각해야 하는 이유를 모르겠다.

그런데 우리의 경험에 관한 내용을 간접적으로 추론해야 한다는 사실이 흥미롭지 않은가? 철학사에 아주 유서 깊은 전통이 하나 있는데, 바로 우리는 태어날 때 감각기관으로 인지한 최초의 경험에 바탕해 외부 세계를 이해한다는 것이다. 하지만 간접적인 추론이 이어지는 이같은 논의에서는 이 전통에 의문이 생길 수밖에 없다.

결론은 여러분이 젤리를 좋아한다면 객관적으로 문제가 있다는 것이다. 아, 신맛 나는 젤리는 빼고 말이다.

(잠자리 조각을 만들다가
벌 모양이 나왔다면 그건 잠자리일까,
벌일까?)

나의 생각 메모

1

2

3

잠자리다. 조각상이 벌을 닮았다는 것은 전적으로 표현의 유사성 이론에 근거한다고 본다. 유사성 이론은 두 사물이 서로 닮았다면 한 사물은 다른 사물을 나타내는 표상일 뿐이라 말한다. 즉 내가 코뿔소를 상상하면, 내 머릿속 이미지가 코뿔소와 닮았다는 사실이 적어도 내가 하마가 아닌 코뿔소를 상상한다고 증명해 준다. 철학사에서는 유사성 이론을 지지하는 사람을 쉽게 찾을 수 있다. 하지만 우리는 이 이론이 적어도 두 가지 이유에서 옳지 않다는 사실을 알 수 있다.

　첫째로 서로 닮지 않았지만 다른 사물을 상징하는 경우도 많다. 파란색은 지도에서 민주당에 투표하는 주를 나타낼 수 있지만, 색은 어떤 정당과도 닮지 않았다. 내가 가장 좋아하는 예를 들면, 혹시 어릴 때 살던 집에 대한 꿈을 꿨는데, 꿈속의 집이 실제로 어린 시절에 살던 집과 하나도 닮지 않은 적이 있었나? (실제로 꿈속의 집은 현실의 다른 건물과 똑같이 보일 수 있다.) 이런 꿈이 흥미로운 이유는 수없이 많은데, 그중 하나는 유사성 이론을 따르지 않는다는 것이다. 어렸을 때 살던 집에 대한 꿈을 꿨다고 해서 꿈속의 집과 어린 시절의 집이 닮았다고 말할 수는 없기 때문이다.

둘째, 조금 더 일반적인 관점에서 표현의 유사성 이론은 표현이 잘못될 가능성을 고려해야 한다. 다시 말해 어떤 대상을 표현한 사물이 원래 그 대상에 없는 특성을 나타낼 가능성도 있다. 하지만 표현의 유사성 이론은 사람이 무언가를 얼토당토않게 잘못 표현할 가능성을 아예 차단하는 것처럼 보인다. 내가 조지 W. 부시George W. Bush 전 대통령의 초상화를 그리는 작업을 맡았다고 가정하자. 나는 그리 뛰어난 화가가 아닌 탓에 부시 전 대통령과 전혀 닮지 않게 그리고 말았는데, 우연히도 여우원숭이와 놀랍도록 닮아 있었다. 여우원숭이에 대해서는 한 번도 들어본 적 없는 데 말이다. 나는 여우원숭이를 매우 사실적으로 그린 게 아니라, 부시 전 대통령의 어설픈 초상화를 그린 것이다. 바꾸어 말하면 그의 초상화를 아예 그리지 않은 것이 아니라 형편없이 그렸을 뿐이다.

지금까지의 설명으로 여러분은 조각상이 벌이 아니라는 주장에 고개를 끄덕일지도 모르지만, 조각상이 잠자리인 이유를 알게 된 것은 아니다. 더 골치 아픈 문제이기는 하나 적어도 (내가 생각하기에) 정답을 간략하게 설명할 수는 있다. 조각상이 만들어지는 과정에서 잠자리의 두드러진 인과적 역할을 생각해 보자. 어느 날 누군가가 날아다니는 생물 한 마리를 보고 이를 가리키는 '잠자리'라는 단어를 만들었다. 단어는 널리 퍼졌고, 세월이 흐를수록 곤충학자들 덕분에 단어의 의미 역시 명확해졌다. 곤충학자들이 쓰던 단어가 마침내 내게로 왔다. 이제는 내가 어떤 생물을 잠자리로 분류하려 하면 그 단어의 의미에 맞춰 크게 외칠 수도 작게 말할 수도 있다. 따라서 밖에 날아다니는 실제 잠자리가 언어를 거쳐 머릿속에 저장되어, 잠자리를 생각할 때마다 불러오는 일종의 기억 저장소에 있다는 인과관계가 존재하는 셈이다. 결국 기억 저장소가 조각상을 만드는 과정에서 어떤 인과적 역할을 하는 것이다. 그런데 조각상이 벌을 닮은 이유는 조각상을 만드는 데 벌이 간접적으로 영향을 준 게 아니라, 내가 조각에 소질이 없는 것뿐이다. 설명이 너무 개괄적이긴 해도 질문에 대한 꽤 괜찮은 대답이라고 본다. 즉 조각상이 잠자리인 이유는 만들어지는 과정에서 잠자리가 고유한 역할을 했기 때문이다. 우리 할아버지의 말을 빌리면, 최선의 결과는 아니어도 그 정도면 봐줄 만하다.

하지만 개괄적인 부분을 고려하더라도 표현에 관한 일반론이 될 만큼 설명이 훌륭하지는 않다. 특히 신화 속 생물, 고대 철학의 가설, 공짜 점심 등과 같이 실존하지 않는 대상에 대한 표현을 다루는 데는 한계가 있다. 이런 것들은 존재하지 않기에 실제로 일어날 가능성도 별로 없다. 자, 존재하지 않는 사물을 어떻게 표현할 수 있는지 알아내고 싶다면 누구든 환영한다.

한 엄마와 대략 다섯 살쯤 된 아들이 함께 부스를 찾았는데, 엄마는 부스 안 다른 철학자에게 말을 걸었다. 아이에게 말을 걸자, 녀석은 모루로 호박벌을 만드는 방법을 설명하기 시작했다. 설명이 길어져서 나는 잠시 딴생각을 하다가 곧 잠자리 질문을 떠올렸다. 아이에게 그 질문을 던지다니 돌연 부끄러웠다. 아이 엄마가 끼어들어 다시 잠자리 질문에 관해 물었고, 이번에는 제대로 대답했다.

모루에 대해서는 세상 편하게 이야기하는 사람들이 대화 주제가 철학으로 넘어가자마자 우물쭈물하는 모습이 재미있다. 질문이 헷갈려서 그런 걸까? 바보 같은 말을 할까 두려웠던 걸까? 다른 이유가 있었던 걸까? 여하튼 내가 떠올린 질문을 책에 넣는 것은 반칙이라 생각하지만, 특권을 즐기련다. 그런데 나머지는 전부 방문객이 한 질문이다. 정말이다!

(단순한 이론이
더 나은 이유는
무엇일까?　　　)

나의 생각 메모

1

2

3

세상의 일들을 과학적인 이론으로 설명할 때(상식적인 선에서) 우리는 복잡한 이론보다는 단순한 이론을 선호한다. 주위를 둘러보면 모든 분야에서 이런 선호 현상을 찾을 수 있다. 하지만 지구가 우주의 중심이며 모든 행성의 공전 궤도가 원형이라고 생각했던 시절, 천문학자들은 천체 모형에 온갖 기하학적 설명을 덧붙여 모순된 관측 결과를 어떻게든 끼워 맞추려 했다.* 이런 부가 설명을 (전부는 아니지만) 상당히 줄여 준 것이 코페르니쿠스의 태양 중심설의 장점 중 하나다. 최근에는 놈 촘스키Noam Chomsky가 심리학의 행동주의를 강력하게 비판하며 행동주의자들이 동물의 학습 과정을 설명하려면 엄청나게 많은 '동기 유발 요인'을 가정해야 한다고 말했다. 다른 예로 한 과학자가 두 변인과 관련된 각종 데이터를 모아 그래프로 나타내 보니 U자 형태에 가까웠다고 가정하자. 그런데 이상한 형태의 구불구불한 곡선도 발견한다. 이 곡선 역시 데이터에 정확하게 들어맞지만, 더 많은 수학적 증명이 있

---

* 누군가에게 경멸조로 어떤 이론이나 논쟁에 주전원周轉圓(중심이 다른 큰 원의 원주 위를 따라서 도는 작은 원. 코페르니쿠스가 지동설을 제창할 때까지 행성의 운동 궤도로 여겨졌다.§)을 덧붙이려 한다는 말을 들어 봤다면, 그 말이 바로 이 뜻이다.

어야 설명할 수 있다. 그가 다른 과학자들과 같다면, 두 변인 사이의 실질적 상관관계는 이상한 곡선 모양이 아니라 대략 U자 모양으로 나타난다고 말할 것이다.

단순한 이론을 선호하는 현상은 지극히 자연스러우면서도 불가사의하다. 어쨌든 세상은 전혀 단순하지 않기 때문이다. 즉 세상 구석구석이 어떻게 돌아가는지 밝히고 설명하는 게 이론의 역할이라면, 단순한 이론을 선호하는 성향으로 말미암아 우리는 종종 세상을 잘못 이해하게 된다.

그렇다면 왜 단순함을 좋아하는 게 당연할까? 이론은 세상이 어떻게 돌아가는지 밝혀내고 설명하는 역할만 하지 않는다고 답할 수도 있다. 일례로 우리는 명쾌하고 세련된 이론을 좋아하는데, 단순한 이론이 더 명쾌하고 세련되기 때문에 좋아하는지도 모른다. 하지만 이 대답은 설득력이 떨어진다. 과학자들이 그렇게 이론의 명쾌함이나 세련미를 추구한다면, 차라리 작가가 되는 게 낫지 않을까?

같은 맥락에서 조금 더 설득력 있게 말하면, 단순한 이론이 이해하기 더 쉬우므로 우리는 단순한 이론을 선호하는지도 모른다. 이론이란 실제로 적용하고 시험해 봐야 하는데, 너무 복잡해서 적용하거나 시험하기 어려우면 아무짝에도 쓸모없다. 이는 어느 정도 사실이지만, 완벽하지는 않다. 우리는 다양한 상황에 어떻게 적용해야 할지 잘 모르는 이론도 기꺼이 받아들이기 때문이다. (뉴턴 이후 수백 년이 흘렀지만 우리는 아직도 삼체문제를 해결하지 못했다. 폐쇄계(외부와 물질의 출입을 허용하지 않는 경계로 주위로부터 차단된 영역)에 있는 세 물체의 위치와 속력을 알고 있다면, 시간이 흐른 뒤 세 물체는 뉴턴의 운동 및 중력 법칙에 따라 어떻게 운동하고 있을까?) 그리고 두 변인 사이의 상관관계가 말로 표현하기 어려운 곡선 모양으로 나타난다고 설명하는 이론이 있다고 하자. 이 이론은 내가 어떤 변수 값을 계산하는 데는 실용적이지 않을 수 있다. 하지만 바로 그렇기 때문에 컴퓨터가 존재하는 것이다. 우리가 단순한 이론을 선호하는 이유가 단지 쉽게 계산하려는 차원의 문제였다면, 계산기가 등장한 뒤로 그런 선호도가 매우 약해졌어야 한다. 하지만 내가 알기에는 그렇지 않다.

이 질문에 답하려면 단순함과 진실은 서로 상충한다는 전제를 다시 살펴봐야 한다. 단순함과 진실이 서로 일치하는 경우가 적어도 한 가지 있다. 철학자들이 복잡한 이론이라 부르는 것을, 통계학자와 기계 학습 연구자들은 모형을 데이터에 억지로 맞춘다고 말한다. 이때 나타나는 문제 중 하나를 '편향-분산 트레이드오프'라고 말한다. 간략히 설명하면, 한 모형이 일부 데이터를 정확하게 설명할수록 새로운 데이터에는 정확하게 적용되기 어렵다는 것이다. 즉 수많은 매개 변수를 활용해 특정 표본을 완벽하게 설명하는 모델을 범위가 더 큰 모집단에 적용하면 완전히 어긋나고 만다. 반면에 매개 변수가 얼마 안 되는 다른 모형이 표본에는 잘 들어맞지 않지만 새로운 데이터에는 훨씬 잘 들어맞기도 한다. 이는 앞서 언급한 놈 촘스키가 행동주의를 비판하며 말한 내용 중 하나다. 행동주의자들이 학습에 대해 이미 알고 있는 지식을 설명하려고 선천적인 동기 부여 요소를 더 많이 가정하면 할수록, 학습에 대해 아직 모르는 내용은 덜 정확하게 예측할 것이다. (논의를 더 진행할 수도 있다. 특정 표본에 모형을 끼워 맞추다 보면 결국에는 배제하고 싶은 별 의미 없는 데이터까지 포함된다. 따라서 단순한 이론을 선호하는 경향은 표본 속 좋은 데이터와 나쁜 데이터를 구분하는 데 도움이 될 것이다.) 단순함을 선호하는 경향으로 인해 우리가 이미 아는 사실에 데이터를 끼워 맞추지 않으며, 그 덕에 더 정확한 결과를 예측할 수 있다. (그리고 이미 확보한 데이터도 훨씬 잘 이해할 수 있다.)

다시 말하지만 이게 다는 아니다. 우리가 모집단에서 얻을 수 있는 모든 데이터를 가졌다 해도 여전히 복잡한 이론보다는 단순한 이론을 선호할 것이다. 게다가 필요한 모든 데이터를 이미 가졌으므로 편향-분산 트레이드오프는 논외다. 실용적이지만 사실과 관련이 없어서 단순한 이론을 선호한다고 설명한 몇 단락 전으로 되돌아가는 것 같지 않나? 아니면 지금까지 내가 몰랐던 단순함과 진실 사이의 새로운 연관성이라도 있을까?

(태양에서 힘을 얻는
슈퍼맨의 피부는
왜 타지 않을까?)

나의 생각 메모

1

2

3

슈퍼맨 이야기는 완전히 논리적으로 모순되므로 어떤 대답도 질문자를 만족시킬 수 없다. 슈퍼맨의 피부가 타지 않는 이유를 설명할 만한 대답이 몇 가지 있기는 한데, 그는 크립토니언Kryptonian(원작 만화에서 슈퍼맨은 외계 종족 중 하나인 크립토니언으로, 이들은 태양 에너지를 받으면 초능력이 생긴다")이다. 크립토니언들은 피부가 타지 않는다. 햇볕에 피부가 타는 것은 피부 손상에 해당하는데, 슈퍼맨은 결코 피부가 손상을 입지 않는다. 물론 그의 피부도 햇볕에 영향은 받지만 피부색이 아주 미미하게 변해서 만화나 영화에서는 잘 드러나지 않는다. 물론 원작에서 아예 벗어나 설명할 수도 있다. 한 철학자*는 내게 슈퍼맨이 백인 중심 문화의 산물이라고 말했다.

이 질문은 생각할수록 재미있다. 그런데 이 질문에 답하는 것보다 질문자가 왜 애초에 이런 생각을 했는지에 더 관심이 간다. 내 기억이 맞는다면, 질문자는 영화 〈슈퍼맨Superman〉을 보다가 이 작은 모순이 눈에 띄었고, 문제에 대해 생각할수록 영화에 집중할 수 없었을 테다. 이

---

* 낸시 맥휴에게 다시 한 번 감사와 존경을!

렇게 해서 진정으로 철학적이자 심리학적인 질문이 탄생했다. 특정한 문학적 장치들은 우리를 이야기 속으로 데려간다. 이 장치들 덕분에 우리는 이야기 속 여러 사건에 현실 세계에서처럼 감정적으로 반응하며, 특정 인물에 감정 이입하거나 그와 자기 자신을 동일시해 마치 인물이 겪는 사건을 직접 겪는 것처럼 느낀다. 그래서 우리는 이야기 속 세계와 등장인물의 말, 감정을 상상할 수 있는지도 모른다. 다음 이야기가 궁금해지는 것이다. 심리학자들에 따르면, 이는 우리가 다른 세계로 넘어가는 것이며 이야기 속 세상에 빠져들듯이 그곳에서 빠져나올 수도 있다. 무엇을 느끼고 상상하고 알아내고 싶은지, 누구의 마음을 알고 싶은지가 더 이상 이야기 속 문제가 아닌 현실 세계의 문제가 되는 것이다. 따라서 핵심은 이렇다. 질문자는 해당 질문을 떠올린 뒤로 왜 이야기에 몰입하지 못했을까? 일반적인 질문으로 바꾸면, 사람들은 무엇 때문에 이야기에 빠져들고 빠져나올까?

　(이 질문은 철학자들이 말하는 '허구의 역설'이라는 개념과 연결된다. 일반적으로 사람들은 말 그대로 거짓 내용에 감정적인 반응을 보이지 않으며, 독자는 소설을 읽고 있다는 사실을 알면서도 허구의 이야기에 왜 감정적으로 반응할까? 앞서 제기한 문제처럼, 이 질문은 사람들이 이야기에 실제처럼 반응하는 이유를 설명하며, 허구의 역설은 우리가 무엇 때문에 이야기에 빠지고 빠져나오는지에 대한 만족스러운 해답이 된다. 하지만 우리가 한 질문이 허구의 역설이 제기하는 문제와 똑같지는 않다. 첫째로 허구의 역설은 이야기에 대한 감정적 반응만을 다룰 뿐, 이야기에 몰입하게 만드는 나머지 요인들은 다루지 않는다. 둘째로 허구의 역설은 우리가 소설에 때때로 감정적인 반응을 보이는 이유에만

문제를 제기할 뿐, 소설에 대한 일반적인 반응은 문제 삼지 않는다.)

우리는 사람들이 이야기에서 빠져나오는 몇 가지 경우를 생각할 수 있다. 이를 테면 어투나 배우의 연기가 탐탁지 않거나, 이야기의 흐름에 문제가 있거나, 내용이 논리적으로 모순되거나, 이야기 속 인물이 혼자 튀기 때문이다. '의미도 보람도 없는' 과장된 신파, 지루한 전개, 난해한 줄거리 등도 원인이 된다. 이 모든 요인은 독자에게 각기 다른 영향을 미친다. 대다수는 슈퍼맨의 피부는 왜 타지 않을까 하는 의문이 들어도 아무렇지 않게 영화에 집중한다. 위 요소들의 정확한 영향력은 심리학자들이 연구해야 할 몫이다. 하지만 철학자들이 얼마간 고민한 끝에 사람들이 이야기에 집중하지 못하는 이유를 한 가지 찾아냈다.

우선 다음 짧은 이야기를 읽어 보자.

머스터드 대령은 성격 좋은 할아버지였다. 그런데 매일 오후 서재 소파에서 낮잠을 자는 버릇이 있었다. 코 고는 소리가 어찌나 우렁찬지 선반의 책들을 떨어뜨릴 수 있을 정도였다. 온종일 서재에서 책을 읽는 피코크 부인은 더는 집중할 수 없었다. 부인은 그 소리에 한없이 짜증이 났다. 막 책에 집중하려 하다가도 대령의 코 고는 소리가 들리면 결코 책을 읽을 수 없었다. 그러던 어느 날, 부인에게 좋은 생각이 떠올랐다. 부인은 없던 용기까지 다 끌어 모아 잠든 대령 쪽으로 살금살금 다가가서는 촛대로 있는 힘껏 그를 내리쳤다. 마침내 대령의 코 고는 소리가 멈췄다! 부인은 들키지 않도록 현장을 깨끗이 정리하고는 다시 책으로 돌아갔으며,

이내 책 속으로 사라졌다. 사람들은 머스터드 대령의 죽음으로 슬픔에 잠겼지만, 피코크 부인은 비로소 평화롭게 책을 읽었다. 부인은 마음속으로 옳은 일을 했다고 생각했고, 실제로도 그녀의 생각이 맞았다.

위 이야기는 피코크 부인을 영웅처럼 묘사했다. 하지만 그녀를 영웅으로 규정하기에는 어딘가 이상하다. 위 이야기를 읽는 동안 여러분은 머스터드 대령이 코 고는 장면이나, 피코크 부인이 살인 현장을 정리하는 장면을 떠올렸을 것이다. 하지만 우리는 피코크 부인이 배우자를 살해하는 행동이 진짜 옳은 행동이라고 생각하지 않는다. 아무리 이야기에서 그녀가 대령을 죽일 만했다고 말해도, 그녀가 옳은 일을 한 게 맞다는 대목은 지나친 확대 해석이다. 그런데 좀 이상하다. 우리는 투시력과 눈에서 레이저를 쏘는 초능력을 지닌 날아다니는 외계인과 같이 희한하고 말도 안 되는 온갖 일이 벌어지는 가상 세계를 상상하고 받아들인다. 그런데 이야기 속 세계가 우리의 도덕관과 일치하지 않으면 반감을 갖는다. 왜 그럴까? 철학자들은 이 작은 갈등을 '상상적 저항의 퍼즐'이라 부른다.* 아니, 사실은 적어도 두 개의 퍼즐이 있는데,

---

* 일부 철학자들은 상상적 저항이 실제 이야기에도 일어나는지 의심하지만, 나는 그렇다고 생각한다. 예를 들어 성경은 하나님이 사람들에게 끔찍한 일을 저지른 이야기로 가득 차 있다. 〈사무엘하〉에서 소 두 마리가 언약궤를 이고 가다가 비틀거리자 옆에서 걷던 남자가 상자를 고정하려 하는데, 하나님이 그를 죽인다. (물론 신이기에 이런 일을 하며, 그래도 괜찮다는 내용이 분명 포함되어 있을 것이다.) 적어도 유대인들은 성경에 주석을 달거나 신의 행동을 정당화할 만한 뒷이야기를 써내려 왔다. 성경에 주석을 다는 행위를 상상적 저항에 대한 반응으로 해석해도 무리가 아니다.

하나는 심리학적인 퍼즐이고 다른 하나는 형이상학적인 퍼즐이다. 우리가 피코크 부인이 옳은 일을 했다고 생각하지 못하는 이유는 무엇일까? 소설 속에 피코크 부인이 옳은 일을 했다고 나와 있더라도 그것이 허구의 세계에서조차 사실이 아닌 이유는 무엇일까?

이는 우리의 도덕적 신념(과 상상적 저항을 불러일으키는 다른 신념들)이 일반적인 사실에 관한 생각과 몇 가지 중요한 면에서 다르다는 것을 보여준다. 어쩌면 도덕적 신념을 철저히 지키려는 의도에서 비롯했을 수도 있으며, 그래서 우리는 도덕적 신념을 오염시킬 가능성을 상상하는 것조차 두려워하지도 모른다. 아니면 우리가 도덕적 사실은 비도덕적인 사실에 의해 결정된다고 여기기 때문에, 이야기 속 비도덕적 사실이 필요한 조정 과정을 거치지도 않고 도덕적 사실을 바꾸려 하면 어떤 의미에서 모순이 생길 수 있다. 혹은 (개인적으로는 가장 흥미로운 주장인데) 도덕적 신념은 일반적인 사실에 관한 생각보다는 감정이나 욕망, 계획에 더 가까우므로 도덕적 가능성을 상상하는 것은 단순히 어떤 사실을 상상하는 것과 결이 다를 수 있다.

(정말 모든 일은
무작위로
일어나는 걸까?)

나의 생각 메모

1 ....

2 ....

3 ....

흔히 정육면체 주사위를 던져서 어떤 면이 나올지는 무작위로 결정된다고 말한다. 이 말은 각 면이 나올 확률을 해석하는 관점에 따라 여러 의미가 있다. 엄격한 빈도주의 관점에서 해석하면, 주사위를 무수히 많이 던지면 각 면이 거의 비슷한 확률로 나타난다. 가설적 빈도주의 관점에서 해석하면, 우리가 주사위를 무수히 많이 던지면 각 면은 거의 비슷하게 나타날 것이다. 주관적 베이지안 확률 해석에 따르면, 우리는 주사위를 던질 때마다 각 면이 6분의 1 확률로 나타날 것으로 생각한다.* 객관적 베이지안 확률 해석은 원하는 정보가 손에 있다는 전제하에 이상적으로 합리적인 사람은 주사위를 던질 때마다 각 면이 6분의 1 확률로 나타난다고 생각할 것이라 말한다.

위에서 설명한 모든 경우에 주사위의 숫자는 무작위(진짜 그렇다!)로 나타난다. 일부 확률 해석 속 조건문에 살짝 의구심이 들거나 사람들

---

* '베이지안'은 초기 확률 이론가 토머스 베이즈Thomas Bayes를 뜻하며, 그의 이름이 붙은 확률 이론 베이즈 정리Bayes' theorem가 있다. 일부 베이즈 확률론자들은 믿음의 정도를 내기의 개념으로 본다. 여러분이 다음 주사위에서 6분의 1 확률로 5가 나올 것으로 예상할 때, 실제 5가 나오면 총 6달러를 딸 수 있는 내기에서 1달러를 얻게 되고, 5가 나오지 않으면 아무것도 얻지 못한다. 하지만 내기라는 비유는 말장난일 뿐이라서 사람들이 실제로도 이렇게 내기한다고 말하기는 힘들다.

의 생각을 정말 수치로 나타낼 수 있는지 의심스러울 수 있다. 하지만 이런 의심을 일단 제쳐 두면 위에서 언급한 확률 해석은 모두 현실 속 실제 주사위의 확률을 정확하게 설명한다. 하지만 수학적 확률 이론은 추상적인 체계며, 현실 속에서 일어나는 각종 현상을 이상적으로 설명할 때 쓰인다는 사실을 기억해야 한다(확률과 통계를 공부하며 굉장히 헤매고 있을 때 이 사실을 누가 내게 알려줬으면 좋았을 것이다).

하지만 이 정도는 질문자가 만족할 만한 답이 되지 못할 것 같다. 앞에서 언급한 엄격한 빈도주의 확률 해석을 예로 들어 보자. 내가 주사위를 여러 번 던지면 (적어도 정육면체 주사위의 경우) 각 면이 거의 비슷한 횟수로 나타난다는 말은 사실이다. 이번에는 주사위를 던져 5가 나왔다고 해 보자. 정확히 똑같은 힘으로 주사위를 던져서 정확히 똑같은 방향으로 회전하고 튕긴다면, 항상 5가 나오지는 않을까? 이 경우에는 주사위를 던져 숫자가 무작위로 나타난다고 할 수 없다.

그렇다면 어떤 일이 무작위로 일어난다는 게 정말 가능할까? 즉 우리가 어떤 행위를 정확하게 여러 번 똑같이 반복해도* 그 상황 속 특정 변수가 매번 다르게 나타날까?

나는 가능하다고 본다. 앞서 말한 관점에서 정말 무작위로 상황이 전개되는 과정을 보여주는 일반적인 예가 바로 방사능 붕괴다. 똑같은 우라늄-238 샘플들을 놓고 붕괴가 시작될 때까지 잠시 기다리면, 원

---

* 똑같은 상황을 반복한다는 게 정확히 무슨 뜻일까? 사건의 전개 양상에 영향을 미치는 모든 상황을 생각해 볼 때, 앞서 생각한 내용과 겹치는 다른 상황에서도 똑같은 사건이 어느 정도 반복되는 것을 뜻한다.

자들이 매번 다른 순서로 붕괴하는 것을 볼 수 있다. 붕괴 순서는 절대 예측할 수 없는데, 말 그대로 무작위인 셈이다. 양자역학의 '숨은 변수 가설' 지지자라면 샘플별로 붕괴 과정이 다르게 나타나도록 하는 특정 요인이 있을 것이라는 반대 주장을 펼칠 것이다. 즉 어떤 원자가 붕괴할지 결정하는 '숨은 변수'가 있다는 것이다. 하지만 내가 아는 한, 이 주장은 과학적 사실이 아닌 신념에 불과하다.

지금까지 방사능 붕괴에서 나타나는 극심한 무작위성을 빈도주의 관점에서 다뤄 보았다. 하지만 빈도주의는 반복되는 사건에서의 무작위성만 설명할 수 있다. 특정 원자가 5초 안에 붕괴할 것인지와 같은 무작위적 사건들은 일회성 사건으로 간주한다. 빈도주의 말고 이 같은 무작위성을 가장 잘 설명할 수 있는 확률 해석이 또 있을까?

(모방의
기준은
무엇일까?
)

나의 생각 메모

1

2

3

예술 작품은 모두 어느 정도 모방에서 비롯한다고 볼 수 있다. 가장 독창적인 작품조차 기존 작품을 모방하거나 차용하며 어떤 식으로든 기존 작품에 대한 작가의 인식을 담아 낸다. 핵심은 문제가 될 정도로 과하게 베낀 표절작을 구별하는 기준이다.

그런데 여기서 문제가 된다는 말이 무슨 의미일까? 적어도 미학적 문제는 모방이 작품의 가치를 떨어트린다는 것이다. 이는 금전적인 문제와도 직결되는데, 일례로 사람들은 모작보다 원작에 훨씬 더 비싼 값을 지불한다. 그런데 흥미롭게도 우리가 작품을 얼마나 즐기고 어떻게 판단할지에 따라 그 가치가 달라지기도 한다. 니켈백Nickelback(캐나다 출신 록 밴드§)이 노래 〈섬데이Someday〉를 발매하자, 진취적인 성격의 음대생 마이키 스미스Mikey Smith는 노래가 밴드의 과거 히트곡 〈하우 유 리마인드 미How You Remind Me〉와 굉장히 흡사하다는 것을 알아차렸다. 그는 두 노래가 얼마나 비슷한지 증명하려고 매시업mash-up(서로 다른 노래를 조합해 새 노래를 만들어 내는 방식§)한 곡을 만들었는데, 이 노래가 인터넷을 떠돌다가 〈하우 유 리마인드 미 오브 섬데이How You Remind Me of Someday〉라는 제목이 붙었다. 이 곡에 대한 반응은 제각각이었는데, 두 곡

중 한 곡 혹은 두 곡 다 혹은 니켈백에게 흥미를 잃은 사람도 있었다.

내 생각에 이 일은 예술가 자신이 추구해야 할 미적 가치와 지양해야 할 행위(미적으로 좋거나 나쁜 특성)에 대한 우리의 인식과 연결된다. 어떤 밴드가 자신들의 과거 히트곡 중 하나를 베낀다면, 우리는 그들을 히트곡이 하나뿐인 가수 혹은 모험을 회피하고 게으르며 진부한 가수로 여길 것이다. 그런데 어떤 가수가 다른 가수의 노래를 베꼈다면(모작이 아니라 의도적으로 원작처럼 만들려 할 때) 그가 인기나 유행에 지나치게 민감하다는 사실을 보여주는 것이기도 하다. (참고로 가수가 자신의 폭넓은 음악적 지식을 반영하거나 옛날 노래에서 새로운 의미를 발견하는 재능을 발휘하는 식으로 어떤 노래를 샘플링했다면 원작을 베꼈다고 볼 수 없다.) 예술 작품에 대한 우리의 감상은 (전부는 아니지만) 대체로 예술가의 미덕과 악덕과 같이 작품이 전달하는 내용에 달려 있으므로 이는 중요한 문제다. 따라서 모방의 정도가 예술가가 미적으로 지양해야 할 악행의 수준에 가까우면 그 작품은 '표절작'이라 할 수 있다.

부스를 방문한 한 예술가가 이 문제에 대한 내 생각을 바꿔 놓았다. 나는 저작권 및 특허권의 전반적인 시스템이 어떻게 나를 철저하게 무너뜨렸는지 이야기한 것 같은데, 그녀는 특허권에 관한 조금 특별한 이야기를 들려주었다. 그녀는 새로운 시리즈를 시작하거나 새로운 기법을 고안할 때마다 특허를 낸다고 했으며, 실제로 작품에 대한 특허를 꽤 많이 가지고 있었다. 물론 작품을 팔기도 했지만, 금전적인 이유로 특허를 낸 것은 아니었다. (그녀는 한 번도 특허권을 행사하지 않았다.) 그저 작품의 독창성을 공식적으로 인정받고 싶었을 뿐인데, 예술계(혹은 저작권)는 그렇게 할 힘이 없다고 생각했다. 얼마나 많은 예술가와 창작자들이 그녀와 같은 처지일까. 그녀처럼 대다수 예술가와 창작자들은 예술 활동으로 생계를 꾸리고 지적 재산을 인정받기를 원할지도 모른다.

(가장
좋아하는
동물은?)

나의 생각 메모

1

2

3

먼저 위키피디아와 재미있는 게임을 해 볼까? 일단 위키피디아의 아무 페이지나 들어가서, 해당 페이지의 첫 번째 링크를 클릭해 다른 페이지로 넘어가자. 이를 계속 반복한 뒤 철학 페이지가 나올 때까지 몇 번 클릭했는지 세어 보자.

(방금 내가 해 본 결과는 이렇다. 니오닥틸로타Neodactylota (뿔나방과에 속하는 나방)를 입력해 시작한다. 이후 뿔나방과, 나방, 곤충, 라틴어, 고전어, 언어 체계, 페르디낭 드 소쉬르Ferdinand de Saussure, 스위스, 주권 국가, 국제법, 국가, 사회, 분석 수준, 사회 과학, 지식, 학과목(학계), 사실, 현실, 마음의 대상, 객체(철학)를 클릭하다 보면 마침내 철학이 등장한다. 내 점수는 22점이다.)

여러분이 충분히 살펴보기만 한다면 이 위키피디아 게임은 어떤 주제라도 철학과 조금씩 연결된다는 것을 알 수 있다. 그런데 이 게임은 살짝 오해의 소지가 있다. 위키피디아는 보통 각 문서가 이전 문서보다 조금 더 추상적인 내용을 담는 식으로 구성되며, 추상적인 주제를 충분히 다루게 되면 철학을 이야기할 수밖에 없다. 하지만 이것이 철학과 연결될 수 있는 유일한 방법은 아니다. 철학은 우리가 실생활에서 이상하다고 여기는 부분과의 만남에서 비롯될 수 있다.

가장 좋아하는 동물을 묻는 이 질문도 그렇게 나왔다. 가장 철학적 사고를 불러일으키는 동물, 즉 가장 흥미로운 철학 질문이나 결론으로 이끌어 낼 동물을 떠올리는 게 질문에 대한 대답이 될 수 있다. 나는 부스에서 이 질문을 받고 가장 먼저 나비를 이야기했다. 애벌레는 주위 환경에 대해 알아가다가(예: 어디서 먹이를 얻을 수 있는지) 번데기가 되어 나비의 몸으로 다시 태어나는데, 나비는 여전히 애벌레 시절에 알았던 것들을 기억한다! 그뿐 아니라 애벌레가 번데기가 될 때 단순히 부위별로 하나하나씩 나비로 바뀌는 게 아니라 찐득한 고치로 변하는데, 이것이 결국 나비로 자라나는 것이다. 그런데 이는 하나의 기억 혹은 지식이 물질적으로 완전히 다른 세 개의 형태, 즉 애벌레, 고치, 나비로 존재할 수 있다는 뜻이다. 그렇다고 해서 애벌레가 영혼 같은 것을 가졌다는 말은 아니다. 다만 단일한 정신 상태가 물리적으로 완전히 다른 세 가지 형태로 구현되거나 실현될 수 있다는 뜻이다. 자연의 원리는 아름답고도 신기하며 참으로 놀랍다.

물론 생물학적으로 영원한 삶을 사는 해파리종을 선택할 수도 있었다. 나도 그런 삶을 살고 싶은 걸까? 그렇게 되면 무엇을 얻고 무엇을 잃을까? 인간의 삶과 이런 식의 생물학적 영생은 양립 가능한 것일까?

하나 더, 산호초를 선택할 수도 있다. 산호초는 단일 유기체다. 어떻게 그럴 수 있을까? 우리도 산호초처럼 주변 환경과 유기적으로나 무기적으로 공생하고 의존하는 관계를 무수히 맺으며, 우리와 DNA를 공유하지 않는 수많은 유기체가 내장과 얼굴에서 살고 있다. 인간은 일반적으로 생각하듯이 시간과 공간이라는 물리적인 공간에서만 존재

할까? 아니면 우리도 산호초처럼 무한히 팽창할 수 있을까? 어떻게 해
야 이 문제를 일단락 지을 수 있을까?

지금까지 모두 내가 대답했으니, 여러분도 이제 자신만의 답을 생각
해 보길 바란다.

Epilogue

가장 좋아하는 동물 질문을 하기 전에, 소년은 내게 로드 레이지Road Rage라는
게임을 해 봤는지 물었다. 소년에게 비디오 게임을 좋아하는 이유를 물은 뒤
미적 판단이나 비디오 게임을 예술로 볼 수 있는지와 같은 문제를 이야기할
수도 있지만, 사고의 전환이 그만큼 빠르지 못했다. 대화 주제를 철학으로 되
돌릴 수는 있지만, 그게 항상 쉽지는 않다.

**(철학을 독학하기에
가장 좋은 방법은
무엇일까?)**

우선 이 책을 읽으면 된다. 이 책을 읽는 것만으로 부족하다면, 뒤에 추천한 자료를 더 찾아 읽거나 보고 들으면 된다. 그래도 부족하면, 더 깊게 파고들 방법도 많다. 〈하이파이 네이션Hi-Phi Nation〉, 〈윤리학 파헤치기Examining Ethics〉, 〈철학의 해석Elucidations〉, 〈공백 없는 철학사The History of Philosophy without Any Gaps〉, 〈새로 나온 철학 책New Books in Philosophy〉 등 철학을 다루는 훌륭한 팟 캐스트도 많다. 유튜브에서 '와이 파이Wi Phi' 채널이나 영국 철학자 브라이언 머기Bryan Magee의 인터뷰 영상을 찾아봐도 좋다. 애스트라 테일러Astra Taylor의 〈민주주의란 무엇인가?What Is Democracy?〉나 라울 펙Raoul Peck의 〈청년 마르크스The Young Karl Marx〉 같은 철학에 관한 훌륭한 장편 영화들도 있다.

우리는 다른 사람과 함께 공부할 때 가장 효과적으로 학습할 수 있다. 내가 기획한 대중 철학 행사인 '대중과 함께하는 브루클린 철학자들Brooklyn Public Philosophers'에서 각종 강연을 들을 수 있고 페이스북 페이지도 있으며, '철학자에게 물어보세요'를 비롯한 많은 행사가 진행 중이다. 여러분이 뉴욕시에 살지 않으면 (대부분 그렇겠지만) 근처 대학 철학과 웹 사이트에 들어가서 강연이나 행사를 확인할 수 있다. 혹시 주위에 철학 커뮤니티가 없다면 여러분이 시작해 봐도 좋다! 미국철학자협회SOPHIA, The Society of Philosophers in America의 도움을 받아 철학 토론 모임을 만드는 것도 생각해 보자.

철학을 배우려면 플라톤의《국가Republic》, 흄의《인간 본성론A Treatise of Human Nature》, 칸트의《순수 이성 비판Critique of Pure Reason》등 역사적으로 유명한 철학자들이 쓴 두꺼운 책을 읽는 게 가장 좋다. 내 고등학교 친구는 이런 책들을 "뚱뚱보"라 부르곤 했는데, 무척 이해하기 어렵게 쓰였다. 요즘은 철학자들 대부분이 에세이로 소통하는데,《노턴 철학 입문The Norton Introduction to Philosophy》같이 입문자에게 적합한 에세이를 고르는 것도 좋다.

사람들은 가끔 내게 가장 좋아하는 철학책이 무엇인지 묻는다. 간단하게 추리면 다음과 같다. J. L 오스틴J. L. Austin의《철학 논문집Philosophical Papers I》, 루돌프 카르나프Rudolf Carnap의《세계의 논리적 구조The Logical Structure of the World》, 폴 그라이스Paul Grice의《단어의 원리Studies in the Way of Words》, 카를 헴펠Carl Hempel의《과학적 설명의 측면들Aspects of Scientific Explanation》, 솔 크립키Saul Kripke의《이름과 필연Naming and Necessity》, W. V. O. 콰인W. V. O. Quine의《존재론적 상대성 및 기타 소론Ontological Relativity and Other Essays》, 마크 윌슨Mark Wilson의《방랑의 의미Wandering Significance》등이다.

다음은 여성 철학자의 책과 글이다. 《옥스퍼드 핸드북 정치적 맥락 분석The Oxford Handbook of Contextual Political Analysis》중 루이즈 앤터니Louise Antony의 글 〈인식론의 사회화The Socialization of Epistemology〉, 낸시 바우어Nancy Bauer의 책《포르노를 어떻게 다뤄야 할 것인가How to Do Things with Pornography》중 〈포르뉴토피아Pornutopia〉, 《철학 연구Philosophical Studies》174권 중 엘리자베스 캠프Elizabeth Camp의 글 〈비유적 표현은 어떻게 모욕으로 바뀌는가Why Metaphors Make Good Insults〉, 앤절라 데이비스Angela Davis의 책《감옥은 더 이상 쓸모가 없는 걸까?Are Prisons Obsolete?》중 3장과 6장, 루스 밀리컨Ruth Millikan의 책《언어: 생물학적 모델Language: A Biological Model》에서 〈푸시미-풀유 묘사Pushmi-Pullyu Representations〉, 마사 누스바움Martha Nussbaum의 책《사랑의 지식Love's Knowledge》에서 〈사랑의 지식Love's Knowledge〉과 《공공정책 철학Philosophy and Public Affairs》24권, 제4호 (1995), pp.249 - 291의 〈객체화Objectification〉, 〈더 스톤The Stone〉 중 리브카 와인버그Rivka Weinberg의 〈삶은 왜 불합리한가Why Life Is Absurd(https://opinionator.blogs.nytimes.com/2015/01/11/why-life-is-absurd/ 참조) 등이다.

비서구권에도 훌륭한 철학이 많으니 다음 자료들을 참고하자. 아비센나Avicenna의 "표류하는 사람floating man" 논쟁(https://www.davidsanson.com/texts/avicenna-floating-man.html 참조), 알렉서스 맥레오드Alexus McLeod의 《고대 마야의 철학: 시간의 제왕Philosophy of the Ancient Maya: Lords of Time》, 필립 아이반호Philip Ivanhoe와 브라이언 반 노르덴Bryan Van Norden의 《중국 고전 철학Readings in Classical Chinese Philosophy》중 맹자·묵자·장자의 철학 사상, 제이 가필드Jay Garfield가 번역한 나가르주나

Nagarjuna의 《중론The Fundamental Wisdom of the Middle Way》 중 24장, 〈이온Aeon〉 중 제바스티안 퍼셀Sebastian Purcell의 글 〈아즈텍인들은 우리에게 행복과 좋은 삶에 관한 어떤 가르침을 주는가What the Aztecs can teach us about happiness and the good life〉(https://aeon.co/ideas/what-the-aztecs-can-teach-us-about-happiness-and-the-good-life 참조), 소고이와파Sogoyewapha의 글 〈백인과 인디언의 종교The Religion of the White Man and the Red〉(https://www.bartleby.com/268/8/3.html 참조), 가정과 국가의 관계를 다룬 《효경The Classic of Filial Piety》(http://chinesenotes.com/xiaojing/xiaojing001.html 참조), 자아를 다룬 《밀린다왕문경The Questions of King Milindaf》(https://www.budsas.org/ebud/ebsut045.htm의 발췌문 참조), 제라 야콥Zera Yacob의 《하타타Hatata》(http://www.alexguerrero.org/storage/Zera_Yacob.pdf에서 발췌문 참조) 등이다.

참고 문헌 & 추천 도서

'만물은 왜 존재하는 걸까?'에 대한 다른 대답이 궁금하다면 짐 홀트Jim Holt, 《Why Does the World Exist?》(한국어 번역판: 《세상은 왜 존재하는가》, 21세기북스) 참고.

일의 의미를 고찰하는 심리학 서적이 읽고 싶다면, 배리 슈워츠Barry Schwartz, 《Why We Work》(한국어 번역판: 《우리는 왜 일하는가》, 문학동네) 참고.

효율적 이타주의 운동을 이해하고 세상에 필요한 중요한 직업에 대해 알고 싶다면, 비영리 단체 8만 시간의 웹사이트(https://80000hours.org/)를 참고.

외계 축산업자와 인생의 의미가 서로 어떻게 연결되는지 알고 싶다면, 토머스 나겔Thomas Nagel, "The Absurd," *Mortal Questions* 참고. https://philosophy.as.uky.edu/sites/default/files/The%20Absurd%20-%20Thomas%20Nagel.pdf에서도 확인 가능.

인생은 불합리하다는 주장과 관련된 글을 찾고 싶다면(대중에게 철학을 이야기하는 글 중 가장 좋아하는 글), 리브카 바인베르크Rivka Weinberg, "*Why Life Is Absurd,*", New york times, January 12, 2015 참고. https://opinionator.blogs.nytimes.com/2015/01/11/why-life-is-absurd/에서 확인 가능.

사실 우리는 자신의 경험에 대해 잘 모른다는 주장에 대해서는 에릭 슈비츠게벨Eric Schwitzgebel, "The Unreliability of Naive Introspection," *Philosophical Review* 117 (2008): pp.245-273 참고. https://faculty.ucr.edu/~eschwitz/SchwitzPapers/Naive1.pdf에서도 확인 가능.

외부 세계에 대한 지식은 귀추법에 근거한다는 주장에 대해서는 버트런드 러셀Bertrand Russell, 《The Problems of Philosophy》(한국어 번역판: 《철학의 문제들》, 이학사) 2장 참고. https://www.gutenberg.org/files/5827/5827-h/5827-h.htm에서도 확인 가능.

전반적으로 안정된 삶을 살 수 있는 환경에서 아이를 낳는 것이 좋다는 주장과 양육에 대한 일반 철학이 궁금하다면 진 커제즈Jean Kazez, 《The Philosophical Parent》(한국어 번역판: 《부모가 된다는 것의 철학》, 클) 참고.

관리 자본주의에 반하는 세습 경영에 대한 자세한 설명은 엘리자베스 앤더슨Elizabeth Anderson, 《Private Government》 참고.

색이 주관적 혹은 객관적 차원의 문제라고 생각한 이유와 이 문제가 철학적으로 중요한 이유가 궁금하다면 제드 애덤스 · 맷 테이츠먼Zed Adams and Matt Teichman, "Episode 95: Zed Adams discusses the genealogy of color," *Elucidations*, April 10, 2017 참고. https://lucian.uchicago.edu/blogs/elucidations/2017/04/10/episode-95-zed-adams-discusses-the-genealogy-of-color에서 확인 가능.

시간 여행이 가능하다고 옹호하는 주장이 궁금하다면 얼 코니ㆍ테드 사이더Earl Conee and Ted Sider, 《Riddles of Existence》에서 테드 사이더Ted Sider의 "Time" 참고.

인간 본성을 조금 더 낙관적으로 바라보는 맹자에 대해 더 자세히 알고 싶다면 매슈 워커Matthew Walker, "Ancient: Mengzi (Mencius) on Human Nature," *Khan Academy*, December 26, 2014 참고. https://www.khanacademy.org/partner-content/wi-phi/wiphi-history/wiphi-ancient/v/history-of-philosophy-mengzi-on-human-nature에서도 확인 가능.

우리의 깊은 내면 혹은 '진짜 나'라는 개념을 상당히 회의적으로 바라보는 시각이 궁금하다면 니나 스트로밍거Nina Strohminger, 조슈아 노브Joshua Knobe와 조지 뉴먼George Newman, "The True Self: A psychological concept distinct from the self," *Perspectives on Psychological Science* 12 (2017): pp.551-560 참고. http://ninastrohminger.com/papers에서도 확인 가능.

우리의 실질적 관심사와 행복을 연구하는 과학자들의 관심사를 한데 묶어 논의하는 이야기가 궁금하면, 안나 알렉사드로바Anna Alexandrova, 《A Philosophy for the Science of Well-Being》 참고.

과학과 종교가 역사적으로 어떤 관계를 맺어 왔는지 궁금하면, John Hedley Brooke, 《Science and Religion: Some Historical Perspectives》참고. (내가 이야기한 내용도 이 책을 바탕으로 한다.)

감정 상태 이론을 옹호하는 주장이 궁금하다면 Susan Boniwell, Ilona David, and Amanda Conley Ayers, eds., 《The Oxford Handbook of Happiness》에서 Dan Haybron이 쓴 "The Nature and Significance of Happiness," 참고. (이 책은 행복에 관한 내 생각에 상당한 영향을 끼쳤다.)

절대 공간 문제를 경험적으로나 이론적으로 풍부하게 다루는 설명은 Nick Huggett and Carl Hoefer, "Absolute and Relational Theories of Space and Motion," *The Stanford Encyclopedia of Philosophy* 참고. https://plato.stanford.edu/entries/spacetime-theories/에서 확인 가능.

설명의 원리와 설명하는 행위의 심리적 효과를 가볍게 다룬 글은 Tania Lombrozo, "The structure and function of explanations," *Trends in Cognitive Sciences* 10, no. 10 (2006): pp.464-470 참고. https://cognition.princeton.edu/sites/default/files/cognition/files/tics_explanation.pdf에서도 확인 가능.

실제 아리스토텔레스가 쓴 것처럼 유머를 잃지 않으며 악성 댓글에 대해 철학적으로 고찰한 글을 읽고 싶다면 Rachel Barney, "[Aristotle], On Trolling," *Journal of the American Philosophical Association* 2, no. 2 (2016): pp.1-3 참고. https://philpapers.org/archive/BARAOT-9에서도 확인 가능.

감정은 특정 상황에서 발현된다는 주장에 대해서는 Jesse Prinz, 《Gut Reactions: A Perceptual Theory of Emotion》, Gut Reactions 참고.

사랑에 빠진 순간을 어떻게 알 수 있는가에 대해서는 Martha Nussbaum, 《Love's Knowledge: Essays on Philosophy and Literature》에서 "Love's Knowledge" 참고.

동성애와 관련된 철학 질문들이 궁금하다면 Brent Pickett, "Homosexuality" *The Stanford Encyclopedia of Philosophy* 참고. https://plato.stanford.edu/entries/homosexuality/에서 확인 가능.

젠더 문제를 형이상학적인 관점에서 설명하는 글은 B. R. George and R. A. Briggs, "Science Fiction Double Feature: Trans Liberation on Twin Earth" 참고.

회계 장부 은유와 더불어 우리의 도덕적 사고와 담론을 설명하는 다른 은유적 표현들에 대해 더 깊이 알고 싶다면 조지 레이코프George Lakoff, 《Moral Politics》(한국어 번역판: 《도덕, 정치를 말하다》, 김영사) 참고.

젠트리피케이션이 무엇이며 어떤 악영향을 미치는지와, 우리가 더 주의를 기울여야 할 사회 문제에 대해 알고 싶다면 Ronald Sundstrom, 《Gentrification, Integration, and Racial Equality》(출간 예정) 참고.

죽음을 나쁘지 않다고 말하는 고전 철학자들의 이야기가 궁금하다면 Epicurus, trans. Eugene O'Connor, 《The Essential Epicurus》에서 "Letter to Menoeceus" 참고.

죽음과 관련된 더 많은 이야기는 루크레티우스Lucretius, 《On the Nature of Things》(한국어 번역판: 《사물의 본성에 대해》, 아카넷) 참고.

개인의 정체성에 대한 고찰은 내가 죽음에 대한 불안을 다스리는 데 도움을 주었는데, 이 문제에 대해 더 자세히 알고 싶다면 Derek Parfit, "Personal Identity," *Philosophical Review* 80, no. 1 (1971): pp.3-27 참고. http://home.sandiego.edu/~baber/metaphysics/readings/Parfit.PersonalIdentity.pdf에서도 확인 가능.

우리는 죽은 사람들에 대한 엄격한 도덕적 의무가 있다는 주장을 철저하지만 흥미로운 방식으로 비판하는 내용이 궁금하다면, 내가 가장 좋아하는 철학 팟 캐스트 「Hi-Phi Nation」의 가장 첫 번째 에피소드 S01E01, "The Wishes of the Dead" 참고. https://hiphination.org/complete-season-one-episodes/episode-one-the-wishes-of-the-dead/에서 확인 가능.

은퇴와 노화를 통해 우리는 약점과 습관적 사고방식의 한계를 깨달을 수 있다는 생각은 Jan Baars, "Aging: Learning to Live a Finite Life," *Gerontologist* 57, no. 5 (2017), pp.969-976 참고.

정신 질환은 우리에게 해를 끼치는 정신장애라는 주장에 대한 자세한 설명은 Jerome Wakefield, "The Concept of Mental Disorder," American Psychologist 47, no. 3 (1992): pp.373-388 참고.

무지의 장막의 의미와 그것이 공정한 계약에 끼치는 영향력에 대한 자세한 설명은 마이클 샌델 Michael Sandel, 《Justice》(한국어 번역판: 《정의란 무엇인가》, 와이즈베리) 6장 참고.

전문가의 신뢰성 문제를 더 전문적으로 다루는 글이 궁금하다면, David Coady, 《What to Believe Now》 2장 참고.

도덕 교육의 목표와 이 책에서 내가 제안한 방법들을 뒷받침하는 근거에 대해 더 깊이 알고 싶다면 Bart Engelen, Alan Thomas, Alfred Archer, and Niels van de Ven, "Exemplars and nudges: Combining two strategies for moral education," *Journal of Moral Education* (2018): pp.1–20 참고. https://doi.org/10.1080/03057240.2017.1396966에서도 확인 가능.

부당한 차별이나 억압이 취할 수 있는 형태에 대해 포괄적으로 알고 싶다면 아이리스 매리언 영Iris Marion Young, 《Justice and the Politics of Difference》(한국어 번역판: 《차이의 정치와 정의》, 모티브북) 중 "억압의 다섯 가지 모습The Five Faces of Oppression" 참고. https://www.sunypress.edu/pdf/62970.pdf에서도 확인 가능.

기후 변화의 도덕적, 제도적 문제를 나보다 더 비관적으로 바라보는 견해가 궁금하다면 Stephen M. Gardiner, "A Perfect Moral Storm: Climate Change, Intergenerational Ethics and the Problem of Moral Corruption," *Environmental Values* 15 (2006): pp.397–413 참고. http://ww.hettingern.people.cofc.edu/Environmental_Philosophy_Sp_09/Gardner_Perfect_Moral_Storm.pdf에서도 확인 가능.

시간 할인은 모두 비합리적이라는 주장에 관해서는 Preston Greene and Meghan Sullivan, "Against Time Biases," *Ethics* 125, no. 4 (2015): pp.947–970 참고.

케첩 질문에서 예로 든 '무게'라는 단어의 쓰임새와 사물을 측정하는 방법의 변화에 따라 단어의 뜻이 어떻게 바뀌는지에 대한 전반적인 설명은 Mark Wilson, 《Wandering Significance》 참고.

소유권으로 발생하는 여러 가지 철학 문제에 대해서는 Jeremy Waldron, "Property and Ownership," *The Stanford Encyclopedia of Philosophy* 참고. https://plato.stanford.edu/entries/property/에서도 확인 가능.

흥미롭고 놀라운 수학 철학 문제에 대해서는 Eugene Wigner, "The Unreasonable Effectiveness of Mathematics in the Natural Sciences," *Communications in Pure and Applied Mathematics* 13, no. 1, 1960 참고. https://www.dartmouth.edu/~matc/MathDrama/reading/Wigner.html에서도 확인 가능.

진정성에 대한 다양한 견해와 그로 인해 발생하는 갈등을 뜻밖의 방식으로 아찔하게 묘사한 글은 Rebecca Roanhorse, "Welcome to Your Authentic Indian Experience™," *Apex*, August 8, 2017 참고. https://www.apex-magazine.com/welcome-to-your-authentic-indian-experience/에서도 확인 가능.

자동적인 도덕 판단과 고의적인 도덕 판단을 구별하는 것의 본질과 의의에 대해서는 Joshua Greene, "Beyond Point-and-Shoot Morality," *Ethics* 124, no. 4 (2014): pp.695–726 참고. https://psychology.fas.harvard.edu/files/psych/files/beyond-point-and-shoot-morality.pdf에서도 확인

가능.

무고한 사람들을 해치는 행동에 우리가 느끼는 혐오감을 소름끼치도록 도발적으로 그려 낸 영화가 궁금하다면, 나르치코 이바네즈 세라도어Narciso Ibáñez Serrador 감독의 〈후 캔 킬 어 차일드?Who Can Kill a Child?〉 참고.

어떤 대상을 믿을지 말지는 우리가 그것을 얼마나 명료하게 확신에 찬 어조로 설명할 수 있느냐에 달려 있다는 놀라운 주장에 대해서는 Daniel Dennett, "Real Patterns," *Journal of Philosophy* 88, no. 1 (1991): pp.27–51 참고. https://ruccs.rutgers.edu/images/personal-zenon-pylyshyn/class-info/FP2012/FP2012_readings/Dennett_RealPatterns.pdf에서도 확인 가능.

불교에 대해 나와 비슷한 결론을 내리고 있지만 나보다 훨씬 더 많이 알고 있는 사람의 주장이 궁금하다면 Evan Thompson, 《Why I Am Not a Buddhist》 참고.

변형된 젤리 예시와 몇몇 관련 증거를 활용해 의식을 이해하는 일반적인 방식에 반기를 드는 주장이 궁금하다면 Daniel Dennett, "Quining Qualia," in Marcel and Bisiach, eds., *Consciousness in Modern Science* 참고.

(미각을 조금 포함한) 후각의 철학과 과학을 소개하는 글이 궁금하다면 Ann-Sophie Barwich, "Making Sense of Scents: The Science of Smell," *Auxiliary Hypotheses* 참고. https://thebjps.typepad.com/my-blog/2017/01/making-sense-of-scents-the-science-of-smell-ann-sophie-barwich.html에서도 확인 가능.

믿음과 비슷한 심리 상태인 가믿음alief에 대한 흥미로운 논의가 궁금하다면 Tamar Gendler, "Alief and Belief," *Journal of Philosophy* 105, no. 10 (2008): pp.634–663 참고.

다양한 확률 해석과 함께 각각의 장단점을 상대적으로 쉽게 설명한 책은 Hugh Mellor, 《Probability: A Philosophical Introduction》 참고.

예술 작품 복제가 무엇을 의미하는지에 대한 고전적 논의는 발터 벤야민Walter Benjamin, 《The Work of Art in the Age of Mechanical Reproduction》(한국어 번역판: 《기술적 복제 시대의 예술 작품》, 도서출판b) 참고. https://www.marxists.org/reference/subject/philosophy/works/ge/benjamin.htm에서도 확인 가능.

저작권법의 효과를 극대화하고 모방과 독창성을 주제로 커다란 철학적 진보를 이룬 이야기가 궁금하다면 Spider Robinson, "Melancholy Elephants," *Analog*, June 1982 참고. http://www.spiderrobinson.com/melancholyelephants.html에서도 확인 가능.

시공간의 경계가 특이한 동물들의 철학적 의의에 대해서는 Derek Skillings, "Life is not easily bounded," *Aeon* 참고. https://aeon.co/essays/what-constitutes-an-individual-organism-in-biology에서도 확인 가능.

실은 나도 철학이 알고 싶었어

초판 1쇄 발행 2021년 1월 19일
초판 2쇄 발행 2021년 7월 27일

지은이 이언 올라소프
옮긴이 이애리
펴낸이 이범상
펴낸곳 (주)비전비엔피 · 애플북스

기획 편집 이경원 현민경 차재호 김승희 김연희 고연경 최유진 황서연 김태은 박승연 박혜나
디자인 최원영 이상재 한우리
마케팅 이성호 최은석 전상미 백지혜
전자책 김성화 김희정 이병준
관리 이다정

주소 우) 04034 서울특별시 마포구 잔다리로7길 12 (서교동)
전화 02) 338-2411 | **팩스** 02) 338-2413
홈페이지 www.visionbp.co.kr
이메일 visioncorea@naver.com
원고투고 editor@visionbp.co.kr
인스타그램 www.instagram.com/visioncorea
포스트 post.naver.com/visioncorea

등록번호 제313-2007-000012호

ISBN 979-11-90147-38-5 03100

· 값은 뒤표지에 있습니다.
· 잘못된 책은 구입하신 서점에서 바꿔드립니다.

도서에 대한 소식과 콘텐츠를
받아보고 싶으신가요?